身体与秩序

基层社会现代性发展中的身体建构

赵方杜◎著

辽宁人民出版社

ⓒ 赵方杜   2024

图书在版编目（CIP）数据

身体与秩序：基层社会现代性发展中的身体建构／
赵方杜著. —沈阳：辽宁人民出版社，2024.3（2025.7 重印）
ISBN 978-7-205-11067-3

Ⅰ. ①身… Ⅱ. ①赵… Ⅲ. ①社会学—研究 Ⅳ. ①C91

中国国家版本馆 CIP 数据核字（2024）第 060457 号

出版发行：辽宁人民出版社
　　　　　地址：沈阳市和平区十一纬路 25 号　邮编：110003
　　　　　电话：024-23284325（邮　购）　024-23284300（发行部）
　　　　　http：//www.lnpph.com.cn
印　　刷：辽宁新华印务有限公司
幅面尺寸：170mm×240mm
印　　张：11.75
字　　数：238 千字
出版时间：2024 年 3 月第 1 版
印刷时间：2025 年 7 月第 2 次印刷
责任编辑：郭　健
封面设计：琦　琦
版式设计：周　煊
责任校对：吴艳杰
书　　号：ISBN 978-7-205-11067-3

定　　价：86.00 元

序 言

身体不仅是"物理身体",更是"社会身体",是自我建构与社会建构的产物。20 世纪 80 年代以来,身体逐渐成为社会科学和人文学科的研究对象,它不仅出现在哲学、历史学、社会学、人类学、美学、艺术等学科,也呈现在后结构主义、后现代主义、女性主义、精神分析和文化研究等领域,形成了诸如身体政治学、身体社会学、身体现象学、身体人类学、身体管理学、身体叙事学、身体美学等一系列研究主题。在社会学领域,身体理论和身体研究受到越来越多的关注,推动了身体社会学的发展。

这种对身体的研究不应当被认为仅仅是在理论上找到了一个新的研究领域,而是对许多学科而言比较基本的、却长久以来被忽视的主题的重新再现。对于身体的关注,也不仅仅是对社会学想象力的简单发挥,或者在当代多元化的社会给社会学添加一个奇特、怪诞的主题以吸引大众的眼球。我们应当认识到,这种对身体主题的关注,与这个学科本身的理论旨趣有着内在的连贯性,也和学术界目前的理论发展态势密切相关。同时,这也是对 20 世纪 80 年代以来人类社会各个方面发生深刻变革的回应。

本书整合性运用身体社会学的相关理论资源,基于具体的实证调查,对我国现代性进程中身体建构的发展过程及其逻辑机制进行系统考察,深入剖析现代性因素如何透过制度体系影响下的身体观念、制度设置和日常生活,规范、训练和塑造人们的身体。本书既注重对宏观的现代性因素与制度结构的分析,也注重分析在这一过程中行动者的主观感受和心理体验,以及在具体的实践场域中,他们如何运用相应的惯习、资本和策略来加以回应,从而反思社会转型中身体实践和基层秩序之间的内在关系。

实质上,社会转型中的身体境遇隐喻着个人与社会的关系这个社会学的根本问题。本书注重从历时性的角度对这一过程展开分析,这对理解身体建构具有一定的价值和意义，但对这一过程中不同场域、不同行动者所面对的结构性制约与主体性行动的分析有待进一步细化和深入，尤其是随着人工智能、基因工程、虚拟现实等技术的迅速发展，人们可以通过整形美容、基因改造、克隆技术和器官移植等更多新的技术手段来改造或创造新的身体，这使得身体、技术和自然之间的界限越来越模糊。在此背景下，作为生物有机体与无机物机器紧密结合而成的人机复合体——赛博格（cyborg）身体也成为当今社会重要的社会现象与文化景观。

　　希望本书能对推进身体研究有所贡献，尤其是进一步推进不同空间、技术、主体等多重力量作用下的赛博格身体研究。由此，通过身体这个切入点，我们才能更好地理解社会发展中的身体、自我与社会。

目　录

基层社会现代性发展中的身体建构

身体与秩序

基层社会现代性发展中的身体建构

身体与秩序

004

第一章

导论：作为研究对象的身体

第一节
选题背景与意义

一、作为社会建构的身体

身体（body），是我们生命的物质基础，是自然的产物；同时，身体也是我们存在的表现形式之一，是自我建构与社会建构的产物。正如当代英国著名的社会学家、身体社会学的主要代表人物之一布莱恩·特纳（Bryan S. Turner）所说：人类有一个显见和突出的现象：他们有身体并且他们是身体（they have bodies and they are bodies）。① 然而，长期以来，身体却被归属为医学、生物学、解剖学等自然科学理所当然的对象，在社会科学和人文学科中则一直处于"缺席"的地位，真可谓"视而不见，存而不论"。直到20世纪80年代，身体才逐渐被社会科学和人文学科"问题

①布莱恩·特纳. 身体与社会 ［M］. 马海良，赵国新，译. 沈阳：春风文艺出版社，2000：54.

原文在 TURNER B S：The body and society：explorations in social theory（Sage Publications，1996：37）。

这句话所要表达的意思是：一方面，身体是个体与社会存在的物质基础。在日常生活中，我们必须经常、有规律地对身体进行保养、维护、规训和再生产。另一方面，又不能把身体简单归结为生物还原论、社会生物学和社会达尔文主义。因为身体是物质性与精神性的统一，是自然性与社会性的统一，是个体实践和社会建构的统一，是自我的体现之一。身体社会学就是要把霍布斯的秩序问题当作"管理身体的问题"重新提出来，并思索如何在时间与空间中对个体身体与社会人口的身体进行管理与约束，以实现社会秩序的稳定。

化"，它不仅出现在哲学、历史学、社会学、人类学、美学、艺术等学科，也出现在后结构主义、后现代主义、女性主义、精神分析和文化研究等领域，形成了名目繁多的身体政治学、身体社会学、身体现象学、身体人类学、身体管理学、身体叙事学、身体美学等一系列研究科目与持续至今的身体研究热潮。

在 20 世纪 80 年代以来的身体研究热潮中，身体社会学（the sociology of the body）逐渐兴起、发展并产生了广泛的影响。从理论上看，这是西方理论界长期以来对身心二元对立、理性和现代性进行深刻反思的结果，也是当代的女性主义、福柯的理论、消费理论等后现代主义理论的影响不断扩大的结果；从现实上看，这种对身体的关注是西方工业社会长期发展的必然结果，也是当代科技进步和医学技术发展对身体的塑造和改变引起人们不断反思的结果，如外科手术、器官移植、试管婴儿、干细胞研究等技术对身体改造所带来的伦理、法律方面的问题。而且，商品消费和身体美学（体育锻炼、健康、休闲、饮食、美容、塑身）在当代越来越受到重视。同时，现代的大众传媒，如报刊、电视、广播、网络等，不断向人们宣传更年轻、更美丽、更健康的理想的身体形象，这些都增加了人们对身体的关注。

因此，这种对身体的关注，不应当被视为仅仅是在理论上找到了一个新的研究领域，而是对社会学而言比较基本的、却长久以来被忽视的主题的重新再现。对身体的关注，也不仅仅是社会学想象力的简单发挥，或者给社会学添加一个奇特、怪诞的元素以吸引大众的眼球。我们应当认识到，身体社会学的兴起，与这个学科本身的理论旨趣有着内在的连贯性，也和当前学术界的理论发展态势密切相关。同时，这也是对 20 世纪 80 年代以来科技进步和医学技术发展对身体产生深刻变革的必然回应。

在此基础上，本研究致力于整合性运用身体社会学的相关理论资源，对我国现代性进程中身体建构的发展过程及其逻辑机制进行系统考察，剖析现代性因素如何透过国家和制度体系的影响，在身体观念、制度设置和日常生活等层面，不断规范、训练和塑造人们的身体。同时，分析作为行动者的个体在这一过程中的主观感受和心理体验，以及他们如何在特定场域中利用相应的惯习和资本，在生活实践中通过不同的行动策略来加以回应。进而，反思社会转型中的身体实践与基层秩序之间的内在关系。

二、身体社会学的发展

20世纪80年代，布莱恩·特纳的《身体与社会》（第1版）（Bryan S. Turner，1984）出版，标志着身体社会学的诞生。到20世纪初，经过近30年的发展，身体社会学已经成为一个公认的研究领域，引起了广泛的关注。身体社会学的著作和论文大量涌现，1995年布莱恩·特纳和费瑟斯通（Mike Featherstone）还创办了《身体与社会》（Body & Society）杂志，标志着身体社会学有了自己的研究主阵地。英国社会学会把1998年年会的主题定为"认识身体（make sense of body）"。凯特·克雷格（Kate Cregan）在2006年出版了专著《身体社会学》，西方社会理论的经典教材《Blackwell社会理论指南》和《当代社会学理论：对古典理论的扩展》也都分别把身体社会学列为专门的章节加以介绍，使身体社会学的影响进一步扩大。

简言之，我们可以把西方身体社会学的发展分为三个阶段：一是20世纪80年代的产生阶段，以布莱恩·特纳出版《身体与社会》（第1版）（Turner，1984）为标志，宣示社会学开始对身体的审视。这个阶段主要是把以前理所当然的身体"问题化"，并对身体的含义、身体历史、身体类别做了一些初步的探讨，主要代表作有《身体的政治解剖学》（David Armstrong，1983）、《身体》（Don Johnson，1983）、《身体与社会》（第1版）（Bryan S. Turner，1984）、《身体形态：现代社会的五种身体》（John O'Neill，1985）、《人类身体的历史》（Michel Feher，1989）、《交流的身体》（John O'Neill，1989）等。二是20世纪90年代的蓬勃发展阶段，这时的身体研究逐步确定了自己的研究主题与研究范围，并做了大量的具体研究，主要代表作有《身体：社会过程和文化理论》（Mike Featherstone，Mike Hepworth and Bryan S. Turner，1991）、《肉体与石头》（Richard Sennett，1994）、《消费的身体》（Pasi Falk，1994）、《身体、自我与社会》（Anne E. Becker，1995）、《身体与社会》（第2版）（Bryan S. Turner，1996）、《日常生活中的身体》（Sarah Nettleton，Jonathan Watson，1998）、《活生生的身体：社会学主题与体现问题》（Simon Johnson Williams，Gillian

Bendelow，1998）。三是 21 世纪初至今，身体社会学作为社会学的一个分支产生了广泛的影响，人们在进行大量经验研究的同时加强了理论反思，促使研究不断深化，主要代表作有《身体》（Sean T. Sweeney，Ian Hodder，2002）、《身体：社会学中的批判概念》（Andrew Blaikie，2003）、《身体与社会理论》（第 2 版）（Chris Shilling，2003）、《社会中的身体》（Alexandra Howson，2004）、《文化、技术和社会中的身体》（Chris Shilling，2005）、《身体社会学》（Kate Cregan，2006）、《身体/体现：符号互动和身体社会学》（Dennis D. Waskul，Phillip Vannini，2006）、《规训身体》（Bryan S. Turner，2007）、《超越规矩的身体：对物质生活人类学的阅读》（Judith Farquhar，Margaret M. Lock，2007）、《体现社会学：回顾、进步和展望》（Chris Shilling，2007）、《身体社会学导读》（Claudia Malacrida，Jacqueline Low，2008）、《身体与日常生活》（Helen Thomas，2009）。

虽然身体研究在西方学界进行得如火如荼，但中国对这一问题的关注则姗姗来迟。1977 年，日本学者汤浅泰雄出版了《身体：东方的身体论》，其认为东方社会（中国、日本、印度）是"身心一体"的身体观，而不是西方的身心二元对立观。此外，石田秀实、池田知久等学者也对中国身体观进行了研究。20 世纪 90 年代以来，受西方和日本的双重影响，我国香港等地区兴起身体研究热潮，并逐渐影响遍及全国。近年来，我国也陆续从哲学、政治学、文学、社会学、人类学、教育学、文化研究等领域展开对身体的研究，但总体来看，仍然存在两个显著的问题，一是零散地谈及身体社会学方面的文章较多，但缺少对西方的身体理论及其发展脉络的系统梳理；二是在哲学层面、社会思想史层面的理论探讨多，经验研究较少。本研究正是希望对身体社会学理论及其在东西方的发展做一个系统的梳理，推动学界对身体社会学理论的认识，推动社会理论的发展。

三、理解社会变迁的身体维度

（一）为研究社会变迁提供一种身体的视角

传统社会学一直注重作为现代性基础的理性，而忽视人的感受性、体验性等非理性因素。身体社会学就是把以前社会学所忽视的身体重新纳入研究视野中，考察现代性、社会制度因素对身体的形成和发展的影响，以及身体的感受性、体验性等非理性因素在社会建构中的作用。当然，以身体作为观察社会发展的线索，并不是要取代结构的、个人的分析方法，而是要让现代性、国家影响下的社会变迁更具体地透过身体表现出来：现代性的进程如何透过国家的各种制度安排来规范、训练、动员和使用身体；人们在这种状态下的主观感受、心理体验和回应行动是怎样的，从而透视基层社会的发展变迁。

同时，以身体作为分析和思考的主轴，可以让我们对于社会发展有更深刻、更全面的认识。因为研究现代性进程中的身体建构，除了要将人放回具体的历史、社会情境中加以考察之外，更重要的是身体思维的"关联性"可以把原来散落的、被不同学科占据的社会历史重新联结起来，而不再以政治史、经济史、思想史、社会史和文化史的学科界限，来切割和分解历史，从而形成一种跨学科的、整体的、综合性的分析思维，更加全面和真实地理解社会发展进程中人的境况。而且，对身体建构的研究并非以身体为最后的落脚点，身体只是一种载体、一种隐喻。我们是要把身体当作一种策略，进而关注隐藏在身体背后的人，即"以身体为切入点，以人为最终目标"。

（二）反思当代消费社会中的身体实践

伊文（William A. Ewing）认为，把身体放在争论的中心不是时尚，而是当前时代的需要，身体正被科学家和工程师们重新建构。特纳也认为，社会理论长期以来一直关注霍布斯所谓的"社会秩序何以可能"的问题，身体社会学就是试图把身体融入有关社会秩序、社会控制和社会分层的传统争论中，重新思索许多传统的社会思想，为我们研究社会结构和人类行动带来一种新的视角和方法，并对当下消费社会的身体、经济、技术和社会之间关系根本转变做出必然回应。[①]

在当代的消费社会中，面庞的美丽、身材的苗条、物质的刺激、感官的享受等身体消费日益成为许多人追逐的目标，与身体消费相关的服装、

①布莱恩·特纳. 身体与社会［M］. 马海良，赵国新，译. 沈阳：春风文艺出版社，2000：55.

整形、美容、健身、节食、运动、休闲、时尚等产业纷纷崛起，这不仅是生产力飞速发展使得人类社会由生产社会向消费社会过渡的结果，也是整个社会的价值观由"禁欲苦行"和高度理性化逐渐转向感性化、个体化、生活化的结果。正如当代西方消费理论的代表人物鲍德里亚（Jean Baudrillard）所言："身体在广告、时尚和大众文化中完全出场，人们给它套上的卫生保健学、营养学、医疗学的光环，时时萦绕在心头的对青春、美貌、阳刚/阴柔之气的追求，以及附带的护理、饮食制度、健身实践和包裹着它的快感神话，使得身体成为这个消费社会最美的消费品。"①

在这个身体消费的过程中，人们在追求欲望发泄、快感体验乃至毫无节制地放纵之时，现代社会发达的传媒也通过各种商业广告和身体展示，以科学的名义和健康的借口，不断向人们宣扬重视身体、关爱身体和美化身体的诉求，并着力把身体打造成欲望的工具和享乐的载体，这使得身体降格为肉体，身体解放走向了极端、异化和虚妄的境地。"这个消费社会只知道作为肉体的身体，无视身体的更高层面，对身体极尽贬损之能事，身体几乎沦为性和商品的消费机器。"② 所以，本研究试图重新审视当代消费社会中的身体实践，不仅关注作为物质的身体，更重视其文化、精神追求，培养更加健全的消费观念和文化。

第二节
文献综述

当前的身体社会学研究呈现出聚论纷纭、异彩纷呈的局面，一方面，得益于人们对这个与我们密切相关的主题的兴趣和重视，另一方面，也说明当前的身体研究还没有形成固定的研究框架和理论模式，正处于不断开拓、发展的阶段。

---

①让·鲍德里亚. 消费社会 [M]. 刘成富，全志钢，译. 南京：南京大学出版社，2001：139.

②奥尼尔. 身体形态：现代社会的五种身体 [M]. 张旭春，译. 沈阳：春风文艺出版社，1999：2.

一、身体理论模式

当代西方的身体社会学研究，主要以特纳（Bryan S. Turner）、弗兰克（Arthur W. Frank）、奥尼尔（John O'Nell）、洛克（Margaret Lock）、谢琳（Chris Shilling）等人为代表。他们关注社会制度、国家权力对身体的结构性制约，以及在日常生活世界中身体实践对社会和国家的建构作用，并建立了身体类型学——把身体化约为几种理想类型加以表述。作为身体社会学的倡导者和最有力的推行者，特纳认为，不仅要考察单数的身体（body），而且还要考察复数的身体，即人口（populations），如表1-1。受福柯的影响，特纳认为一个社会必须在时间上控制人口的繁衍，防止因人口急剧增多而产生问题，如马尔萨斯的理论；在空间上则要运用空间规划和制度手段对众多身体进行有效的规训，如卢梭的论述。对个别身体而言，则需要对个体内在欲望进行克制和约束，如韦伯对新教伦理时期禁欲苦行的探讨。在外部社会互动中，身体表现则要符合社会规范的需要，如戈夫曼对日常生活中互动表现的论述。只有在内部、外部、时间和空间四个维度上对个体身体和人口身体进行有效控制，才能实现霍布斯所谓的秩序的稳定。

表1-1　特纳的身体结构模式

	人口	身体	
	繁衍	约束	
时间	马尔萨斯	韦伯	内部
	交媾中断	歇斯底里	
	父权制	禁欲苦行主义	
	规训	表现	
空间	卢梭	戈夫曼	外部
	恐惧症	厌食症	
	全景敞视主义	商品化	

毫无疑问，特纳的身体结构模式带有浓厚的建构论、功能论色彩，遭到了 Williams 和 Bendelow 的批判，他们认为特纳把重点放在了社会如何

对身体进行建构上，忽略了身体作为社会行动和实践经验的载体和基础等方面。[1] 所以，弗兰克提出了他的身体行动模式（如图1-1），根据身体自我控制、欲望程度、身体与自我及他人的关系，将身体分为规训的身体（disciplined body）、镜像的身体（mirroring body）、支配的身体（dominating body）、交往的身体（communicative body）四种理想类型。弗兰克认为，身体存在的是行为问题而不是结构问题，应从现象学而不是功能取向的角度展开分析。每一种身体的理想类型都可以在日常生活中通过具体的行动模式展开，获得相应的角色。如通过理性化的管理与秩序产生规训的身体，通过商店消费产生镜像的身体（这与鲍德里亚的消费理论有一定的相似性），通过战争等强力产生支配的身体，通过话语、交流和认同产生交往的身体。应该说，弗兰克的身体行为模式相对于特纳而言具有动态性和多元性，他不仅把握了社会作用于身体的各种行为方式，也包括在具体行动中身体是如何行动和构建社会的。而且，这两种身体模式是从不同的空间层次展开，特纳是自上而下的，弗兰克是自下而上的。他们的相似之处则在于都把身体问题置于行为、行动者、结构所关注的中心。

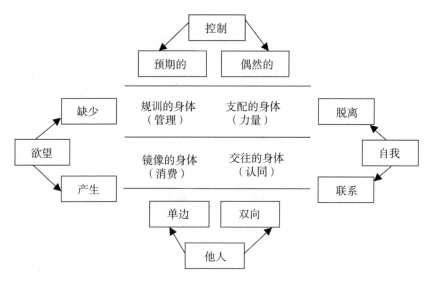

图1-1　弗兰克的身体行动模式

①WILLIAMS S J, BENDELOW G. The lived body: sociological themes, embodied issues [M]. London: Routledge, 1998.

奥尼尔认为，现代社会存在五种身体形态：世界身体、社会身体、政治身体、消费身体和医学身体。所谓世界身体和社会身体，其实就是一种简单的"拟人论"，从人身体的言语表达和生理功能出发来建构世界和宇宙图示。"人类首先将世界和社会构想成一个巨大的身体。以此出发，他们由身体的结构组成推衍出了世界、社会以及动物的种属类别。"① 政治身体关注身体与国家、权力之间的互动，关注政治身体也就是关注现代社会的"管理型国家"和"疗治组织"给日常生活带来的困境。消费身体关注人们在从生到死的过程中一直持续不断地满足自己身体、心灵的各种消费需求。医学化的身体则是"身体全面工业化"的重要组成部分，是国家权力把身体纳入管理视野的重要方法，也是消费主义的具体体现。

洛克在《精神的身体：医学人类学导论》中区分了三种身体：个体身体（individual body）、社会身体（social body）、政治身体（body politic）。首先，个体身体是在现象学的意义上关注日常生活中的身体表现，如梅洛-庞蒂的身体现象学、戈夫曼的理论。其次是社会的身体，涉及作为象征的身体所隐喻的自然、社会和文化的意义，如涂尔干、莫斯、道格拉斯的论述。政治的身体则涉及对身体的规训、监督和控制，如福柯的著作。因此，这三种身体代表了不同的理论取向：现象学（个体身体）、结构主义和象征主义（社会身体）、后结构主义（政治身体）。

在这些纷繁芜杂的身体表象背后，特纳认为身体社会学存在四种理论传统：（1）身体不是一种自然现象而是社会建构的产物，如女性主义认为，男女的差别不是自然形成的，而是以男性为中心的社会和文化所建构的。（2）身体是社会组织和权力关系的表现，并探寻身体如何体现出这种社会权力关系，如社会人类学和福柯认为，人类身体的历史就是社会权力关系的"隐喻"史。（3）关注"活生生的身体"（lived body）现象，即日常生活世界中的身体体现，以梅洛-庞蒂的身体现象学为代表。（4）关注在社会实践和身体技术的习得过程中的身体表现，如莫斯、布迪厄等人的理论。并且，我们可以进一步把身体社会学的这四种理论传统简化为两种基本的理论模式：身体是一种符号、意义的系统，这种系统具有区别于个

①奥尼尔. 身体形态：现代社会的五种身体 [M]. 张旭春，译. 沈阳：春风文艺出版社，1999：17.

人观念与意图的独特结构，注重对身体的文化解码；身体是一种社会现象，注重对身体体现的现象学进行研究，试图理解在日常生活世界中从出生、成熟、繁衍到死亡的人类实践过程。①

其实，特纳的这两种理论模式，也可以进一步概括为结构模式（表1-1）与行动模式（图1-1）。结构模式把身体看成结构、权力所建构的产物，关注身体体现出来的权力、伦理、道德等内涵，即"对身体做了什么"，以涂尔干、道格拉斯、女性主义者、福柯、特纳等为代表。行动模式则关注日常生活中的身体实践，认为我们必须经常、有规律地对身体进行保养、维护和再生产，以建构自我、表现自我和进行社会互动，即"身体做了什么"，以梅洛-庞蒂的身体现象学、戈夫曼、弗兰克、消费主义观点等为代表。

但这种划分不是绝对的，如布迪厄对惯习的研究则试图弥补二者之间的鸿沟。在布迪厄看来，惯习是结构性因素在个人身上的体现，或者说结构正是通过惯习这种身体化的分类图式影响着个体的社会行动；反过来，惯习也通过身体形塑着社会结构。因为身体是惯习得以存在和表现的载体，身体可以转化为文化资本或经济资本。如在《区隔》中，不同阶层的品位、性情倾向、生活方式等特殊的符号都加诸身体并通过身体表现出来。这种身体的差异性表现着阶层之间的区隔，同时也建构着阶层之间的区隔，并体现出一种权力和社会的不平等。但是，布迪厄的理论明显地"赋予客观结构以某种优越性"，他仍然没有摆脱自孔德、涂尔干以来法国社会学传统的影响，被人们称为"结构主义的建构论"。

二、身体史研究

所谓身体史研究，主要关注的是某个历史时期身体（既包括"个体的身体"，也包括"人口的身体"）的社会生成过程，并把它放在一个宏观的社会背景下考察政治、经济、文化和身体之间的建构与体现、主动与被动等互动关系。对身体史的研究，是"新文化史"或"社会文化史"的研

① TURNER B S. The New Blackwell companion to social theory [M]. Oxford：Blackwell Publishing，2009：517-521.

究类别之一，也是近年来社会史的发展趋势之一，更是近年来身体研究的热点之一。透过身体这个独特的视角，把以往人们割裂开来的政治史、经济史、文化史、社会史等都集聚到身体史上，进而来观察社会发展和时代变迁，往往能给人带来耳目一新的感觉。

在《文明的进程》中，埃利亚斯考察了作为文明进程的载体——身体。他主要以一种构型社会学（figurational sociology）的过程性视角，从身体行为的文明化过程入手，考察了西方文明发展的动态过程，并以就餐行为、擤鼻涕、吐痰、卧室中行为、攻击行为等为例，做了具体而详尽的阐述。最终得出结论：通过持续的个人习得和代际传递，身体的自然性不断被改造，各种社会文化的烙印逐渐增强。因此，整个西方社会文明的漫长进程，不仅是宫廷礼仪（courtoisie）、礼貌（civilite）到文明（civilization）的演变过程，也是身体不断被社会化、理性化、文明化的过程。

费赫尔（Michel Feher）在其主编的 3 卷本《身体史话》中，收录了48 篇相关论文和图片档案，探讨了作为生活和思想交汇场域的人类身体的历史，展示了不同时代的不同文化如何影响人们的体质能力和心理机制，以建构一个适应特定社会环境和道德理念的身体。在他看来，具有人格魅力或深邃思想的身体正是其所处世界的一个反映。该书第一卷探讨了人类身体与"神灵"、动物以及与模仿人类的机器之间的关系；第二卷通过研究心灵的表现、情感的表达，以及对感觉、疼痛、死亡等所引起的思考，来阐述身心关系；第三卷则通过论述身体力量如何建构人类社会，以及社会政治的力量如何规训个体，来揭示身体与社会的关系。

费侠莉（Charlotte Furth）认为，存在两种趋向的身体史研究：再现（representation）的历史、感知（perception）或经验的历史。一方面，作为再现的身体史研究主要是把身体视为一种文化符号或象征，阐述隐含在身体背后的宗教、政治、权力和文化的含义，能够对此做出论证的诸如道格拉斯、福柯的著作以及女性主义的理论；另一方面，则认为身体史不是再现的历史，而是经验或感知的历史，关注身体表现的主观意义，如服装、时尚、运动、仪式、空间、建筑、艺术、宗教等，这些具体活动和空间安排都体现了一种可感知的主观性和生活经验，能够对此做出论证的作品诸如芭芭拉·杜登（Barbara Duden, 1987）的《肤下的女人：十八世纪德国一位医生的病患》、栗山茂久的《身体的表述与希腊和中国医学的分

歧》、高彦颐的《步步生莲：绣鞋与缠足文化》（2001）、《闺塾师：明末清初江南的才女文化》（2005）、《灰姑娘的姐妹：缠足的修正历史》（2005）。但在实际研究中，身体史研究也寻求把二者结合起来，诸如费侠莉的《茂盛之阴：中国医学史中的性（960—1665）》（1999）。费侠莉提醒我们，应该把个别的身体史片断根植于特定的文化领域，如性别史、政治史、劳工史、技术史、艺术史、医学史、科学或宗教史，以避免身体研究的狭隘性。

三、身体政治学研究

所谓身体政治学，就是把身体的生成和日常实践放在宗教、国家的架构中加以考虑，探讨政治权力如何通过各种制度实施对身体进行规训和惩罚。康托洛维茨（Ernst Kantorowicz）在《国王的两个身体》中认为，在中世纪的政治神学中，国王有两种身体："自然身体（natural body）"和"政治身体（politic body）"。国王的自然身体和常人一样，也要经历生老病死的过程，而国王的政治身体则超越了自然身体，作为一种权力的象征永远存在。所以，任何对国王的不敬甚至是刺杀行为，都要受到严厉的惩罚，因为这不仅代表的是对国王个人身体的残害，更象征对国王身体所代表的至上尊严、权力、威仪和秩序的僭越与挑战。奥尼尔认为，身体的政治意向从古代到中世纪一直都在被发展和利用着。奥尼尔进一步把政治身体分为生物性的生理政治身体，代表的是人们所关心的身体健康、福利、生育繁衍等需要的满足，家庭是其中最基本的；物质性的生产政治身体代表的是劳动和才智的复杂的组织形式，尤其是指具有创造力的工作者；精神性的生产政治身体所代表的超越了对家庭财产和经济利益的关心，而是对爱和幸福的追求，它完成了人格的秩序建设。①

身体能在当代西方社会科学和人文领域影响巨大，福柯的影响功不可没。如果说传统的身体研究更多是停留在社会建构和文化再造层面的话，

①奥尼尔. 身体形态：现代社会的五种身体 [M]. 张旭春，译. 沈阳：春风文艺出版社，1999：64-65，76.

那么福柯的研究则进一步将身体研究推向了政治层面，建立了身体政治学。①福柯主要从"解剖政治学"和"生命政治学"两个方面来谈论身体。他认为，随着经济发展，民主政治逐渐完善，社会不断进步，原来对身体直接、暴力的惩罚逐渐被"置换"，变成对欲望的压制、对思想意志的改造、对内在灵魂的征服。旧的"解剖政治学"逐渐被"生命政治学"取代。也可以说，在传统社会中，权力对身体的规训带有明显的强制和暴力的特性。如今，随着技术策略的改进，规训权力变得更加隐蔽、更加有效。因为权力借助有关身体的"知识""真理"等实施对身体的规训，并把以前的外在强制性转化为人们的内在自愿性，并形成规训权力无处不在的"规训社会"。

四、身体消费研究

身体消费研究，主要关注人们对身体的各种消费行为。在这个消费社会中，人们愈加关注欲望的发泄、快感的追求、身材的苗条、面庞的美丽、物质的享受，服装、整容、节食、健美、运动、旅游、休闲、时尚等产业纷纷崛起。这不仅是生产力飞速发展使得人类社会由生产社会向消费社会过渡的结果，也是整个社会价值观由"禁欲苦行"和高度理性化逐渐转向感性化、个体化、生活化的结果。

奥尼尔认为"消费身体"是现代社会身体的五种形态之一，我们的身体对商品的消费不仅是一种生活体验，而且暗含着我们对商品所代表的意识形态和社会体制的承诺和遵守。②奥尼尔关注到了隐藏在商品背后的制度、权力等因素，这和福柯对权力运作的微观分析颇有相似之处。法克尔（Pasi Falk）在《消费的身体》中，批判了福柯的后结构主义观点，反对把身体理解成理性、权力和知识压迫统治的必然结果，而应当看到身体通过日常生活中的互动、消费和实践所建立起来的身体形象与自我表现。尤其是在当代社会，人们的自我观念很大一部分是通过对食物、衣着、奢侈

013

---

①文军. 西方社会学理论：经典传统与当代转向 [M]. 上海：上海人民出版社，2006：349.

②奥尼尔. 身体形态：现代社会的五种身体 [M]. 张旭春，译. 沈阳：春风文艺出版社，1999：109.

品及其他物品的消费（观念）来表现，笛卡尔式的"我思故我在"已经部分地被"我消费故我在（I consume, therefore I am）"所取代了。

让·鲍德里亚（Jean Baudrillard）认为，当代社会已经由以前"匮乏的生产社会"发展到"丰盛的消费社会"，人们由关注商品的使用价值转向关注商品的象征价值，即商品所代表的符号和意义。那么，消费社会已不再是一个纯粹的商品世界，更多的是一个符号和象征的世界。而这种象征符号是有区别的，人们对不同符号的消费也就构建了不同的社会身份和地位，由消费差别产生了社会不平等。同时，"消费社会也是进行消费培训，进行面向消费的社会驯化的社会"，① 即大众传媒及其所代表的意识形态、文化价值无时无刻不传递着消费信息、符号、代码，对消费行为施加影响，造成"永远的被迫消费"，个体逐渐被这种消费文化所控制和"异化"。可见，鲍德里亚的消费思想明显受到马克思和他的老师列斐伏尔（Henri Lefebrve）的影响。

作为后现代主义和文化研究的代表人物之一，费瑟斯通（Mike Featherstone）在《消费文化中的身体》中认为，消费文化对身体的维护和保养主要体现在"内在的身体"和"外在的身体"（the inner and the outer body）两个维度。前者指身体面临的疾病、虐待、老龄化过程中的衰老，以及身体机能退化所需要的治疗，后者则是指身体的外在形象、社会互动中的行动表现和文化、制度对身体的管理等，这在戈夫曼、福柯、吉登斯的理论中都有表述。而且，这种内在身体和外在身体的追求在消费文化中达到了统一（conjoined），因为对内在身体的保养和维护主要就是增强外在身体的自我表现。在《消费文化与后现代主义》中，费瑟斯通进一步从消费文化的角度来探究后现代主义，因为"商品世界及其结构化原则对理解当代社会来说具有核心地位"，从某种意义上说，后现代主义不仅是社会发展的结果，更是文化发展的结果。费瑟斯通认为，鲍德里亚所谈论的消费文化实际上就是后现代文化，并建议我们以一种"更为超脱的社会学视野"来研究消费文化。

英国社会学家恩特维斯特尔（Joanne Entwistle）在《时髦的身体：时

---

① 让·鲍德里亚. 消费社会［M］. 刘成富，全志钢，译. 南京：南京大学出版社，2001：73.

尚、衣着和现代社会理论》中认为，传统的研究经常把生产与消费、时尚与衣着割裂开来，如对时尚的研究忽略了身体，对身体的研究则置时尚和衣着于边缘地位。在系统检视莫斯、道格拉斯、戈夫曼、福柯、费瑟斯通、梅洛-庞蒂、布迪厄等人理论的基础上，恩特维斯特尔提出"情境身体实践"概念，即通过具体的日常生活情境中的身体实践，来考察时尚的文本形态是如何翻译为日常衣着的方式，身体在特定文化和社会中如何理解时尚并被表现为衣着打扮的具体形态。从而倡导建立一门研究时尚/衣着的身体社会学，以弥合时尚和衣着、生产和消费之间的人为鸿沟，并从社会变迁、身份认同、性别、装饰、时尚工业等具体方面展开详尽的论述。① 这为我们更好地理解当今社会的身体实践提供了独特而有效的视角，但忽略了作为话语和规范的时尚背后隐藏的规训权力，而衣着则是个体在其影响下适应社会的具体呈现。

五、身体的本土研究

自 20 世纪 90 年代以来，受西方和日本的双重影响，我国香港、台湾地区兴起身体研究热潮，并逐渐影响遍及全国学界。春风文艺出版社于 2000 年出版了"阅读身体系列丛书"，华龄出版社在 2002 年推出"生理人文系列图书"，百花文艺出版社也在 2003 年相继推出了介绍西方身体研究成果的丛书。与此同时，哲学、史学、政治学、教育学、社会学等学科也纷纷从不同角度展开身体研究。

社会学领域内较早对身体进行研究的是李康。他从身体的视角剖析了吉登斯的理论，考察了身体与社会的相互建构关系在吉登斯的理论中是如何呈现的，并对什么是身体和什么是身体社会学的问题给出了开放性的回答。何雪松将"身体带入社会学理论"列为"当代西方社会学理论"的十大发展趋势之一。王瑞鸿认为，当代身体研究热潮的兴起不仅意味着社会本身的深刻变革，同时也意味着社会学理论的转向，身体社会学逐渐成为一门"显学"。郑震认为，当我们在思考自身的时候，首先必须面对"我

---

①乔安妮·恩特维斯特尔. 时髦的身体 [M]. 郜元宝，译. 桂林：广西师范大学出版社，2005.

们如何存在"这样一个问题，我们应当从"本体"而非"生存"的角度来谈论"存在"，进而把"人所特有的奠基性的存在或存在样式命名为身体"。并在当今流行的商业文化的背景下，探讨了在生产与消费、个性与权力、时间与空间影响下的身体实践。文军认为，当代身体意识的觉醒和身体社会学的兴起是西方女性主义运动影响的后果，也是西方工业社会长期转变的结果。当前的身体社会学主要从身体的文化象征、社会建构、欲望规训、社会实践、躯干肉体等方面加以研究，并对身体社会学所面临的结构与行动、客观与主观之间的二元矛盾进行反思。

之后，身体研究逐渐成为理解流动人口、农民工等群体生存、生活状态的一种视角。潘泽泉认为，"身体是理解社会的一种路径，也是一种重新解读社会的新方式"。他在具体的空间实践中，分析了农民工的身体不仅被表现为一种语言、再现认知和反思，也被表现为一种"言说公正的身体""抗争的身体"和"焦虑的身体"。朱虹则认为，身体是社会建构的产物，身体的表现方式受微观互动和宏观环境的共同影响。她以农村打工妹为例，分析她们是如何通过对自身身体资本的挖掘、借用、改造和积累，以融入城市生活。江立华和王斌基于身体社会学视角对农村流动人口进行再思考，发现农村流动人口的身体不断卷入城乡结构和社会性别的再生产过程中。文军从身体的维度分析农民工群体的污名化建构过程，他认为，身体状态本身仅仅是一种无关优劣的生理特征，但在个体、群体与社会等多层次因素的作用下，它被贴上了负面标签，导致特征所有者由此背负"污名"。除此之外，运动员的身体是"被征用的身体"，在举国体制背景下，运动员选拔和培养机制如同工厂的流水生产线一样，将运动员作为原材料制造成民族国家所需的产品。[1] 患病者残缺的不仅是身体机能、感受和身体形象，更包括个体认同和人际关系层面的残缺感。他们不得不在日常生活中采取各式的应对策略和印象管理手段。[2] 在器官移植中，移植者可能会因为对器官来源的想象和身体完整性的迷恋而出现自我认同的转

①孙睿诒，陶双宾. 身体的征用：一项关于体育与现代性的研究 [J]. 社会学研究，2012（6）.

②鲍雨，黄盈盈. 经历乳腺癌：疾病与性别情境中的身体认同 [J]. 妇女研究论丛，2014（2）.

变，乃至危机。① 器官是一种"生命礼物"，器官捐献造就了一种陌生、匿名的社会关系，扩展了传统礼物的赠与—接受—回馈模式②。

黄金麟对身体的研究也有一定的代表性，他的身体研究三部曲自成一体。在《历史、身体、国家：近代中国的身体形成（1895—1937）》中他把近代中国的身体放在历史和国家的背景下加以考察，论述了身体的国家化、法权化、时间化和空间化。他认为，这四个方面并不是截然分开的，它们之间相互渗透，存在着"规训的互补性"。在《政体与身体：苏维埃的革命与身体（1928—1937）》中，他以苏维埃革命为背景，以身体为线索，标示出革命在身体层面是如何进行动员和发展的。在《战争、身体、现代性：近代台湾的军事治理与身体（1895—2005）》中，他则对一百年来现代性在台湾地区的开展，特别是对其通过战争、国家、军队散落在社会、团体和个人身体上的因子进行了探讨。但这些研究中身体范围过于宽泛，给人一种无所不包的感觉，未能很好地突出身体社会学研究的独特之处。

此外，还有学者从哲学、史学、文学、叙事学、人类学、民俗、宗教、艺术等角度对身体进行研究，在此不一一赘述。需要注意的是，由于中国目前的身体研究多受西方身体论述的影响，而这种西方的身体思想却与其独特的历史、文化、社会因素息息相关，由此我们对中国本土身体的研究，仍然可能是"一种西方宰制下的'反射的东方主义'"。所以，中国的身体研究不应当只是对西方思想的简单"反射"，而应该在中国的语境下有自己的"问题意识"，从而能够"自识、自省、自立"。

六、研究反思

综上所述，目前学界关于身体研究的成果较为丰富。这为本研究提供了较为丰富的微观素材和理论资源，但也存在一定的不足需要进一步完善：一是在理论研究上，需要对社会学视野中身体理论的发展脉络进行系

①余成普. 身体、文化与自我：一项关于器官移植者自我认同的研究［J］. 思想战线，2014（4）.

②余成普，袁栩，李鹏. 生命的礼物：器官捐赠中的身体让渡、分配与回馈［J］. 社会学研究，2014（3）.

统梳理，从而站在更为广阔的理论视阈中把握个体境遇。二是在实证研究上，既有研究更多侧重论述身体建构的反思性，忽视了它在特定的历史阶段的组织合理性和社会结构功能需求；多数研究更多从宏观的角度来谈论，较少从微观角度出发理解行动者的主观感受、心理体验及其回应策略；多数研究较少从一个较长历史进程来看待身体建构的发展变化及其内在逻辑。

本文试图从身体社会学的相关理论出发，整合性运用社会学的理论资源和分析框架，系统剖析我国现代性进程中身体建构的发展演变及其逻辑机理。既注重分析宏观的现代性因素对规训机制的影响，也注重分析行动者的主观感受和心理体验及相应的行动策略，进而反思社会转型中的身体实践与基层秩序之间的内在关系。

第三节
概念界定

一、现代性

一般认为，广义的现代性（modernity）是相对于传统或"过去"而言，指事物"当前"或近期所具有的一种性质或状态。狭义的现代性则是指出现于 14 世纪到 16 世纪的文艺复兴时期，并在 18 世纪的欧洲启蒙运动中逐渐形成的人类的行为方式、社会的制度理念和运作模式。现代性具有多维性，具体可分为精神性维度和制度性维度两个方面。精神性维度包括个体的主体性和自我意识、理性化和契约化的公共文化精神，具体表现为理性、启蒙、科学、契约、信任、主体性、个性、自由、自我意识、创造性、社会参与意识、批判精神等。制度性维度则包括经济运行的理性化、行政管理的科层化、公共领域的自律化、公共权力的民主化和契约化、社会生活的"世俗化"等方面。

众多学者均对现代性进行了论述。吉登斯认为，现代性"指社会生活或组织模式，大约17世纪出现在欧洲，并且在后来的岁月里，在世界范围内产生着不同程度的影响"。而且，现代性具有四个维度：工业主义、资本主义、监控体系和国家对暴力工具的垄断控制。哈贝马斯认为，现代性是指启蒙运动以来，人类在思想、文化、道德等领域出现的"自主化"倾向，并反对后现代主义对现代性的解构，认为现代性是一项"未竟的事业"。鲍曼认为，现代性是"肇始于西欧17世纪的一系列深刻的社会结构和思想转型并成熟为（1）一项文化策划——随着启蒙运动的发展，（2）一种由社会完成的生活形式——随着工业社会的发展"①。

本文的现代性主要指一种有别于传统样态的文化、知识、权力对身体的渗透、规范、训练和塑造。而且，相对于西方内生、自发的现代性而言，在中国这种"后发"国家，现代性则是"外生型"的。这一方面是说中国的现代性进程是被西方以殖民入侵的方式强行卷入的，中国社会在现代转型过程中缺乏必要的前期积淀与心理准备；另一方面则是在这种急剧变化的外部环境面前，主要是国家运用强大的制度力量由外而内、自上而下地通过各种制度安排和社会动员推动现代性的进程。相对于西方现代性进程的"三阶段论"②"四阶段论"③ 或"五阶段论"④ 而言，本文大致地将中国现代性进程分为三个阶段：现代性启蒙时期，自鸦片战争以来，经

---

① 齐格蒙特·鲍曼. 现代性与矛盾性［M］. 邵迎生，译. 北京：商务印书馆，2003：7.

② 方敏. 现代性的历史进程、内涵和实质［J］. 安徽师范大学学报（人文社会科学版），2007（5）.

方敏把西方现代性进程分为三个阶段：早期现代性，从文艺复兴到启蒙运动时期，是现代性的生成阶段；中期现代性，启蒙运动以来到19世纪末20世纪初，现代性从一种文化理念逐步向社会政治经济制度转变；晚期现代性，即反思性现代性。

③ 王贵楼. 现代性：多元动荡下的恒定质追问与求解［J］. 中国人民大学学报，2008（4）.

王贵楼把西方现代性分为四个阶段：早期现代性，文艺复兴、启蒙运动时期，强调人的主体性；中期现代性，从启蒙运动到第一次世界大战，主题是人的批判；近期现代性，从第一次世界大战到第二次世界大战，主题是人的反思性；晚期现代性，第二次世界大战以来，主题是人的超越或后现代性。

④ 沈湘平. 现代性的进化及其启示［J］. 学术研究，2005（10）.

沈湘平将现代性划分为五个阶段：文艺复兴时期的现代性、启蒙时期的现代性、德国唯心论的现代性、19世纪到20世纪初含混的现代性和当代的高度现代性。

过新文化运动和五四运动到民国时期；现代性自主建构时期，从中华人民共和国成立到 20 世纪 70 年代末；现代性重塑时期，主要是改革开放以来的新时期，进而论述这三个不同阶段中身体建构的逻辑与机制。

二、权力

权力的概念非常广泛，主要有两种表述：power to，即做某事的能力，或者得到想得到的东西的能力；power over，即对某人的控制能力。[①] 一般而言，可以从以下三个角度来理解权力：第一，权力是一种力量，是一种能力，是对他人行为或资源的支配能力。如韦伯认为，权力是"处于某种社会关系内一位行动者能够克服他们的抵抗而实现其意志的能力"[②]。第二，权力是一种关系。如福柯认为，权力是一种关系，是相互交错的网络，是多元的、动态的。第三，权力是一种影响力。以美国当代著名的政治学家罗伯特·达尔（Robert Dahl）为代表，他认为权力是凌驾于他人之上影响他人行为的影响力，这种影响力使他人不得不按照某种方式去做。[③]

本文所说的权力主要指规训权力（discipline power），由福柯在《规训与惩罚》中提出。与传统的、公开的、暴力的权力不同，福柯认为这种规训权力是更加隐蔽的、温和的，其实施的场域为医院、军队、工厂和学校等领域，在那里，医生、军官、教师和各种类型的专业人员用医治病人、训练军人、监督工人和教育学生的手段，取代了以前的君主和法官成为了现代社会规训权力的主要实施者。这种规训权力不仅具有强制性，更具有生产性，它不是静止的，而是在国家和个人的互动过程中体现出来的。

三、身体

从身体（body）的本义来看，它主要指一种物质性的生物有机体。《牛津英语词典》认为，身体（body）是人或其他动物的物质材料或框架

①燕继荣. 政治学十五讲［M］. 北京：北京大学出版社，2004：123.

②刘军宁. 权力现象［M］. 香港：商务印书馆（香港）有限公司，1991：4.

③罗伯特·达尔. 现代政治分析［M］. 王沪宁，陈峰，译. 上海：上海译文出版社，1987.

基层社会现代性发展中的身体建构

身体与秩序

结构，它是一个有机实体。同时，英语中其他与身体相关的词也多指物质性的肉体，如"flesh"强调血肉之躯，"soma"强调由细胞组成的身体的有机属性，"corporeality""corporeity"或"corpse"则强调人的物质形状。① 但是，随着人类社会的发展，身体逐渐被赋予了更多的社会、历史、政治、文化、心理的内涵。所以，社会学所谈论的身体当然不同于生理学家或心理学家所探讨的物质性的身体。具体可从以下几个方面来把握：

（1）身体是物质性的肉体和超越性的精神的统一，是"统一的身心"②，是自然性和社会性的统一。肉体和精神是身体的一体两面，必须把它们作为整体加以认识和把握。（2）身体是单数与复数的统一。不仅指单数的、个人的身体，也指复数的、人类的身体，即福柯所谓的个人身体（the individual body）和社会人口身体（the populations body）③。（3）身体不是静止的单一形态，而是动态的多元形态。受具体的自然环境和社会环境的影响，身体形象、身体的再生产、身体技术、身体表现和身体实践都是多元的，是随着社会、历史的演进不断发展变化的。（4）身体是建构性和主动性的统一。身体不仅仅是被动性的社会建构的产物，也是主动实践的产物。特纳认为：身体不是一个消极被动的场所，任由各种社会信息铭刻其上，而是社会本体论的积极要素。不能只满足于单单指出身体体现在文化中，或是指出它提供了一系列文化表现的模式，身体是一种感觉性—实践性的行动因子，形塑着文化，生产着文化。

身体建构则是指国家通过一系列制度、组织、动员的技术、措施、手段，对民众的身体进行规范、训练、改造和征用的过程，从而创造出"驯服而有用"的身体。在本文中，这种身体建构主要体现在身体观念塑造、社会制度设置和日常生活干预等三个层面。

①欧阳灿灿. 欧美身体研究述评［J］. 外国文学评论，2008（2）.

②查伦·斯普瑞特奈克. 真实之复兴：极度现代的世界中的身体、自然和地方［M］. 张妮妮，译. 北京：中央编译出版社，2001：4-5.

③在福柯看来，个人身体主要指"人类身体的解剖政治学（an anatomy-politics of the human body）"，包括对个体身体的规训，如对个体的临床检查和微观辨别，优化身体功能，发挥身体功能；而社会人口身体则涉及"人口的生命政治学（a bio-politics of the population）"，它是国家、政府采用人口统计学（demography）、流行病学（epidemiology）和公共卫生科学的方法来关注整个社会的出生率、死亡率、人口健康状况、身体体质、体育锻炼等，以监管和控制社会的人口。

第四节
分析框架

本文致力于通过身体社会学的相关理论，对我国现代性进程中身体建构的发展过程及其逻辑机制进行系统考察，剖析现代性因素如何透过制度力量的影响，通过身体观念、制度设置和日常生活，规范、训练和塑造人们的身体。本文既注重对宏观的现代性因素及制度体系的分析，也注重分析在这一过程中行动者的主观感受和心理体验，并分析在具体的实践场域中，人们如何运用相应的惯习、资本和策略加以回应，进而反思社会转型中身体实践与基层秩序之间的内在关系。

本文的具体研究框架如图1-2所示。

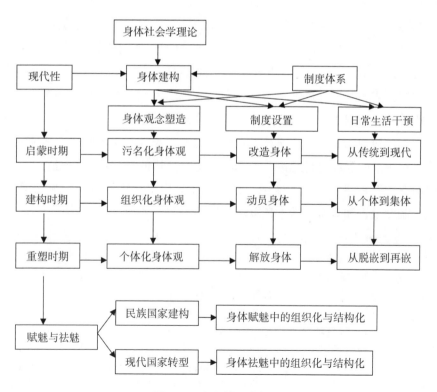

图1-2 本文的研究框架

022

第五节
研究方法

本研究所采用的是以文献法、深度访谈法为主的质性研究方法。这可以让我们有机会倾听被研究者的声音，尤其是他们对社会发展、基层组织与动员、日常生活等的理解，这在一定程度上会呈现出具有丰富意义的叙事。

所谓文献法，是对相关研究资料进行搜集、鉴别、整理、分析，以形成对研究对象科学的认识。本文主要收集国内外身体社会学相关文献资料，同时在剑阁县县志办、统计局和档案馆收集和其社会发展进程相关的县志、统计年鉴、文史资料等，并对其内容进行深入分析。

深度访谈法是在一个相对宽松、自由的环境里，针对所要研究的问题与研究对象进行更为深入、细致的交谈，以获取丰富的、有价值的信息和资料。本研究主要通过对剑阁县的农民（尤其是那些经历过本文所论及事件的年长者）、干部、教师、民众等进行访谈，获取他们对那些亲历事件的描述、主观感受和心理体验。访谈对象的基本信息如表1-2所示。

表1-2　访谈对象基本情况列表

访谈编号	访谈时年龄	职业
LQY-M-101	72 岁	农民
LGF-M-102	64 岁	农民
LQM-M-103	65 岁	农民
LJS-M-104	55 岁	曾经的村会计
ZDR-M-105	63 岁	农民
LBD-M-106	56 岁	曾经的村支书

访谈编号	访谈时年龄	职业
ZSM-F-107	75 岁	农民
YZF-M-108	55 岁	村小学教师
YZW-M-109	70 岁	退休工人
YSY-F-110	62 岁	农民
LT-M-111	62 岁	农民
LLW-F-112	64 岁	农民
LH-M-113	56 岁	村长
DLF-M-114	59 岁	农民
DKQ-M-115	66 岁	退休干部
ZJ-F-116	28 岁	外出务工人员
WY-F-117	37 岁	外出务工人员
LXY-M-118	37 岁	外出务工人员
WJS-M-119	26 岁	外出务工人员
WQF -F-120	30 岁	外出务工人员
LHD-M-121	28 岁	外出务工人员
YJF-M-122	29 岁	外出务工人员
WYZ-F-123	25 岁	外出务工人员
LHJ-M-124	28 岁	外出务工人员
YXW-M-125	28 岁	外出务工人员
HLL-F-126	23 岁	外出务工人员
HQY-M-127	27 岁	外出务工人员

基层社会现代性发展中的身体建构

身体与秩序

本文的研究场地为剑阁县。该县位于四川盆地北部边缘，是连接川、陕、甘的交通要道，总面积约 3200 平方公里，属于传统的农业大县。近年来，该县的经济社会进一步发展。据县相关统计资料显示：截止到 2017 年末，户籍总人口为 65.77 万人，其中乡村人口 56.84 万人，城镇人口 8.92 万人，年末城镇常住人口 18.32 万人，城镇化率 37.02%。人均地区生产总值 22534 元，一、二、三产业所占比重分别为 24.5∶38.1∶37.4，城镇居民人均可支配收入 28228 元，农村居民人均可支配收入 10664 元。其经济水平在西部县市中处于中间水平。

之所以选择该县作为调研地，主要是因为该地有前期研究基础，便于调研"入场"和资料获得。同时，该县具有一定的典型性，在一定程度上体现了作为西部欠发达地区的基层社会在转型中制度力量的运作逻辑与相关行动者的策略性选择。"典型性不是个案'再现'总体的性质（代表性），而是个案集中体现了某一类别的现象的重要特征"①，由此推动相关理论的发展。

---

①王宁. 代表性还是典型性：个案的属性与个案研究方法的逻辑基础 [J]. 社会学研究，2002（5）.

第二章

身体与社会：社会理论中的身体表达

对现代性进程中身体建构的分析，主要涉及两种理论，一种是身体的社会理论，另一种则是福柯的规训理论。本章将对这两种理论的内容、发展脉络和影响进行分别评述。

第一节
身体的社会理论

一、身体社会学的产生

20 世纪 80 年代，布莱恩·特纳的《身体与社会》出版，标志着身体社会学在英国诞生。经过 30 多年的发展，身体社会学已经成为社会学公认的研究领域，引起了广泛的关注。特纳认为，身体社会学首先产生于英国，这显然和当时英国后工业社会的大环境是密切相关的，也必然受到当时英国学术氛围的影响：以《健康和疾病社会学杂志》（the journal sociology of health and illness）为阵地的英国医学社会学的发展由来已久，为身体社会学的产生提供了丰富的经验和基础。欧陆哲学尤其是法国的女性主义，梅洛-庞蒂、福柯、布迪厄、鲍德里亚、费瑟斯通等人的理论，为身体社会学的发展提供了众多的理论资源。① 具体而言，可从理论和现实两方面加以分析。

---

①TURNER B S. The New Blackwell companion to social theory [M]. Oxford：Blackwell Publishing，2009：515.

1. 理论基础

这是西方理论界对长期存在的身心二元对立观点进行深刻反思的结果。西方的身心二元对立观点，经过柏拉图的发展和中世纪的强化，确立于笛卡尔。由此，身体和心灵、主体和客体、感性和理性的对立逐渐被大多数理论家所接受。在此影响下，理论家们大多关注的都是理性、现代性、社会结构、社会秩序、社会和个人的关系等一些"宏大叙事"的议题，身体这个被笛卡尔视为非理性的、不确定的、欲望的元素被嗤之以鼻，湮没在社会理论发展的滚滚洪流下无人问津。直到19世纪末20世纪初尼采出现，他代表了西方思想界的另一派：对长久以来人们奉为圭臬的理性主义和现代性提出强烈质疑。尼采提出，"一切以身体为准绳"，重新回到了对身体的思考，解放了几千年来饱受心灵压制的身体。随后，柏格森的生命哲学，弗洛伊德的精神分析学、存在主义、现象学等都展开了对笛卡尔的二元对立观点的批判和对身体的关注。其中尤以梅洛-庞蒂的"身体现象学"影响甚大，他继承了胡塞尔的思想，主张返回"生活世界"，在时间、空间的具体情境中考察"活生生"的身体。他认为，身体是灵魂和肉体的结合，肉体是灵魂的载体，灵魂是肉体的表现，二者统一于身体。并且，身体是知觉产生的基础，而人们正是通过知觉来认识世界，所以身体也就是主体通向世界的"媒介物"。梅洛-庞蒂的这种身心一元论在一定程度上超越了传统的身心二元对立观点，对布迪厄、特纳等人的身体研究产生了很大影响。

当代的后现代主义、女性主义、福柯的理论、消费理论的影响不断扩大，也促进了身体社会学的产生。以福柯、德里达、利奥塔、拉康、罗蒂等人为代表的后现代主义者，认为现代社会的理性，尤其是工具理性并没有给人们带来真正的快乐，相反却带来了无休止的劳作、身体的疲惫、心灵的倦怠、价值的迷失，所以他们反对理性，消解现代性，强调丰富多彩的日常生活世界，关注个体的感受性、体验性、生物性，追求个体的真正自由和解放。女性主义理论主要从性别的角度来分析社会，认为在现代社会中的政治、经济、文化、思想、认知、观念、伦理等各个领域，女性都处于与男性不平等的地位，乃至在家庭这种私人领域也都体现着两性的不平等。女性处于一种受压迫、受歧视的地位，即伏波娃所说的"第二性"。

而这种不平等不是自然形成的，而是被以男性为中心的社会和文化所建构的。① 福柯的理论之所以影响巨大，就在于他用知识考古学和权力谱系学的方法，探讨了权力、知识、话语等在微观层面是如何介入身体、惩罚身体、规训身体、控制身体的。以鲍德里亚（Jean Baudrillard）和费瑟斯通（Mike Featherstone）为代表的消费理论则关注消费社会的来临对身体的影响，认为身体成了这个消费社会"最美的消费品"。但这个消费社会带给我们的不仅仅是丰盛的物质享受，还有在对符号消费中自我的迷失。费瑟斯通则更多是从后现代主义的角度来谈论消费社会。这些理论所关注到的女性的身体、权力压迫的身体、消费的身体等，对身体社会学的产生起到了巨大的促进作用。

2. 现实基础

对身体的关注是西方工业社会长期发展的必然结果。特纳认为，在当代社会，传统社会的道德体系逐渐滑落，大众消费主义、享乐主义盛行。身体的美丽、消费、享受日益成为人们追逐的目标。对衰老的否定、死亡的摈弃、运动的强调、健康的关注也成为人们的普遍诉求。② 当代社会，自我感觉和消费观念之间存在着如此紧密的关系，以致可以表述为法克尔（Pasi Falk，1994）所说的"我消费，故我在（I consume, therefore I am）"。法克尔认为，现代消费主义体现如下三个特点：人们的欲望超越了生活"必需"的水平；欲望具有无限膨胀性；人们对消费新产品具有无尽渴望。奥尼尔（O'Nell）也认为，现代生活变得越来越案牍化，对体力的要求越来越少，于是经济活动中便将休闲、健康以及体育运动当作商品进行出售，身体体验的替代性消费是大众社会的又一特征。③ 在这个过程中，现代的大众传媒通过各种商业广告和身体展示，以科学为借口，以健康为名义，拿美丽和个性为噱头向人们宣扬重视身体、关爱身体、美化身体的诉求，使得身体不断进入人们的视野。

当代科技进步和医学技术发展对身体的塑造和改变，产生了法律、伦

①李银河. 女性主义［M］. 济南：山东人民出版社，2005：1.

②布莱恩·特纳. 身体与社会［M］. 马海良，赵国新，译. 沈阳：春风文艺出版社，2000：1-4.

③奥尼尔. 身体形态：现代社会的五种身体［M］. 张旭春，译. 沈阳：春风文艺出版社，1999：101.

理和社会等各方面的问题，这也使得人们对身体关注有加。特纳认为，当代对身体的学术兴趣是对身体、经济、技术和社会之间关系根本转变的一个回应。科学的发展，使得外貌、衰老、疾病和死亡似乎不再是人类不可改变的事实。而且，现在人类身体在美容、整形和医疗等方面对各种生物技术产业里的经济增长是十分重要的。随着器官移植、基因工程、克隆技术和干细胞研究等技术的不断进步，身体的模糊性、脆弱性和可塑性也更加明显，使得身体在伦理和法律上面临着更多的争议。同时，这种对身体的自我重塑和社会建构，不仅使我们对身体的本质产生了疑问，也使人类和机器、自然和社会的边界越来越模糊。如哈拉维（Donna Haraway）对电子人（cyborg）的关注，以及电子人在军事行动、工业发展、政治监控和社会服务等方面的应用所引起的思考。而且，随着全球化、老龄化的进程，政府的身体管理已经超越了地区和民族国家的范畴，必须考虑到在世界范围内传染病的流行、难民问题和移民问题。

二、身体社会学反思

（一）身体社会学与社会生物学

身体社会学关注被传统社会理论忽视的人的生物因素，认为人们的行为和表现不仅仅具有文化、社会的意义，也有生物、本能的意义。然而，这与当代社会理论中关注身体生物性的另一种理论——社会生物学（sociobiology）——有明显的区别。1975 年，威尔逊（Edward O. Wilson）出版了《社会生物学：新的综合》一书，从自然选择理论的角度来研究社会行为，探寻潜藏在社会行为背后的生物学基础，并将这一法则扩展到人类社会，认为人类的生物性决定了他们的社会行为，即使这种社会行为会受到后天文化、环境的影响，但其遗传基因仍然决定了社会行为的发展轨迹。威尔逊的这种社会生物学理论引来了社会科学和人文学科的猛烈抨击，人权主义者将威尔逊视为种族主义者、社会达尔文主义者，女权主义者将威尔逊视为男权主义者和性别歧视者，宗教信仰者则将威尔逊视为可恶的异

端。① 一般认为社会生物学存在两个严重的缺陷，一个是生物还原论，另一个则是基因决定论。但威尔逊反驳道，他的理论不仅仅是还原论和生物决定论，更是一种综合论和整体论，而且其社会生物学解释，不是严格的还原论，而是相互作用论，这就是他后来提出的"基因—文化共同进化理论（theory of gene-culture coevolution）"。在《社会生物学：新的综合》的最后一章"人类：从社会生物学到社会学"中，威尔逊用他的理论来解释人类的社会组织、实物交换、利他主义、婚姻、家庭、性别、劳动分工、角色扮演、语言、文化、仪式、宗教、伦理、美学等。他试图把生物学引进社会科学，促使社会科学和人文学科把研究人的社会行为的生物基础作为基本取向，把生物遗传因素作为研究人类社会生活的主要依据，以实现他所说的"新的综合"。

不难看出，威尔逊的社会生物学过于看重生物因素的决定性作用，轻视了文化、社会的影响，并轻率地将动物界和自然科学的运行法则推论到人类自身和社会科学，具有明显的社会达尔文主义倾向，招致了广泛的批判。但是，犹如人类学家玛格丽特·米德和德里克·弗里德曼对萨摩亚人的考察引起了文化决定论和生物决定论的论战一样，威尔逊的社会生物学也再一次引起人们对于生物与文化、自然与社会二者之间关系的探讨，拓展了传统生物学的边界，具有一定的积极意义。而身体社会学，虽然也关注生物因素对社会行为的影响，但依然把文化、社会等因素放在首要位置，认为人的本质是社会人而非生物人，人的行为是由其社会性而非生物性决定的。但是，身体社会学反对以往社会理论中对人的生物性因素视而不见，或者把对生物性的探讨简单地归结为生物还原论，而是认为这种生物性也会影响到人的社会行为，如人的需求、欲望、情感、感受等。特纳认为，马克思主义者和其他社会学家都应该受到批判，他们"往往忽视身体，使社会关系非身体化"，身体既是自然的现象，也是社会的产物。② 所以在对社会行为进行解释时，身体社会学主张不能仅仅归结于文化决定论，还要考察其生物因素的影响，社会行为是文化因素和生物因素共同作

①田晓强. 不泯的科学统一追求：评 E·O·威尔逊的社会生物学思想 [J]. 湖北社会科学，2004（12）.

②布莱恩·特纳. 身体与社会 [M]. 马海良，赵国新，译. 沈阳：春风文艺出版社，2000：326.

用的结果。

（二）二元论和一元论

在特纳看来，身体理论必须直接面对自然与文化的二分，因为二者之间的关系是社会的、历史的、矛盾的。毫无疑问，身体具有生物学的基础，但正如上文提到的，身体社会学和社会生物学的最大不同就在于是坚持文化决定论而非生物决定论。身体虽然是自然的一部分，但身体在社会实践中也具有能动性，进而给自然打上文化的烙印。这种自然和文化的二分，从某种程度上来说，在社会学中也表现为身体与心灵、行动与结构、主观与客观之间的二元对立。豪森和英格里斯（Alexandra Howson and David Inglis）认为，在社会理论中，身体概念的发展有三个方向：把身体带回社会学的分析框架，重新发现古典理论中的身体思想，把身体作为社会学的核心概念以超越二元困境。这种身体与心灵的二元对立，来源于笛卡尔的影响。梅洛-庞蒂的身体现象学就在于要克服这种二分法，他认为，以往人们对身体的研究是"身体理论"而不是"身体现象"，现在我们要把一切的"身体理论"放在括号中悬置起来，回到日常生活世界来考察身体是如何被显现的。在梅洛-庞蒂看来，日常生活中的身体是时间性、空间性、意向性、表达性和言语性等多重特性的交织，身体是"主体"而不是客体，是我们拥有世界的"总媒介"而不是简单的工具，身心是统一的。梅洛-庞蒂的思想引发了哲学领域一场反二元主义的革命，并影响到了社会学，他的思想由此成为社会学领域反二元主义的必要基础。梅洛-庞蒂的理论注重身体的主体性，他的"身体—主体（body-subject）"的概念可以在哲学层次上克服"主体—客体（subject-object）"的区别，但他并没有给予"客观"的权力关系和社会结构以足够的关注，而这些因素在社会学中理解身体和身体的社会表现时是十分重要的。所以，梅洛-庞蒂并没有超越二元主义，他的身体现象学带有一种浓厚的主观主义和个体主义的色彩。

布迪厄则试图在综合海德格尔、胡塞尔和梅洛-庞蒂现象学以及对社会结构和权力关系的社会学分析基础上，来解决行动和结构、主观与客观之间的二元对立。华康德把布迪厄视为梅洛-庞蒂的"社会学继承人"，不同之处则在于布迪厄对权力和社会结构的关注。布迪厄认为，他成功地克服了行动和结构之间的二元对立，因为他提出了惯习的概念。在他看来，

慣习是结构性因素在个人身上的体现，被结构所制约，结构正是通过慣习"这一被身体化的分类图式"影响着个体的社会行动，慣习也反过来形塑着社会结构。社会实践是慣习和场域共同作用的结果。应该说，布迪厄超越二元主义的努力是不成功的，相对于主观主义而言，他"赋予客观结构以某种优越性"①，他的理论仍然没有摆脱自孔德、涂尔干以来法国社会学传统的影响，被人们称为"结构主义的建构论"。当然，当代社会学的其他学者也试图对这种二元主义进行调和，如吉登斯的结构化理论、哈贝马斯的交往行动理论、柯林斯的互动仪式链理论、科尔曼的理性选择理论等。不同的是，吉登斯和哈贝马斯采取的是从宏观到微观的理论取向，而柯林斯和科尔曼则采取从微观到宏观的取向。

冯珠娣和洛克在《超越规矩的身体：对物质生活人类学的阅读》(2007) 中认为，在过去的20多年中，人们把社会科学和人文学科的关注点从传统的思想与身体、意义和行为、个体的身体和社会的身体等主题，扩展到一个新的主题：活生生的身体（the lived body）。也就是说，人们不仅在传统的时间、空间和物质性上继续考量身体，还从实践、话语、隐喻、制度、场域来综合考察，从而超越"规矩的身体"（body proper），即以往的身体研究并没有超越自己领域的"规矩"。一种有着历史深度与社会深度的活生生的身体概念，在人类学与社会学研究中仍然相当缺乏。②其实，这种超越"规矩的身体"也就是斯特拉桑和特纳所推崇的"身体体现"，即注重在日常生活情境中身体的时间性、空间性、流动性、多元性和主体性，把身体理解成话语、制度、技术、实践、意识形态塑造和主体建构的共同产物，从而超越传统的主体与客体、自然和文化、宏观与微观之间的二元对立。

（三）身体社会学的意义与展望

在传统的研究中，社会学家们多数时候对身体视而不见，把它视为医学、解剖学、宗教、艺术研究的当然对象，如果实在避免不了谈论身体的

①菲利普·柯尔库夫. 新社会学 [M]. 钱瀚，译. 北京：社会科学文献出版社，2000：34.

②黄盈盈. 身体·性·性感：对中国城市年轻女性的日常生活研究 [M]. 北京：社会科学文献出版社，2008：29.

话，也往往把它归结为性或者美学上的问题。所以，谢琳认为，身体在传统社会学中是"缺席的在场（absent-presence）"。而特纳则认为：当我们谈到社会学对身体的忽视时，将这种忽视当作湮没（submergence）而不是不在场（absence）可能更为确切。[1] 因为社会理论中的身体并非没有历史，而是有一段逃亡的、秘密的历史。特纳认为，这主要有以下三个方面的原因：首先，从本体论看，源于西方传统思想中根深蒂固的身心二元对立影响，导致身体成为医学、生物学等自然科学的研究范畴，而心灵则属于哲学、宗教等人文学科的研究范畴；其次，从认识论看，社会学的非生物主义假设，使得任何对身体的论述都要冒着被诬蔑为生物主义的危险；最后，从方法论上看，从社会学创立初始至今，整体主义方法论始终在社会学中占据主导地位，而较少从个体的角度来研究社会行为，以避免被贴上个体主义和还原论的标签。

身体社会学，不仅关注到了身体，关注到了被以往社会学所忽视的人的生物性、感受性和体验性，强调人的社会因素和生物因素共同影响着社会行动；还从一个新的综合的视角来研究身体和人的社会行动，这主要涉及社会学、政治学、历史学、现象学、人类学等学科，以及女性主义、结构主义、后结构主义和文化研究等多种理论。但是，目前大部分的身体社会学研究都持一种建构主义的立场，认为身体是文化、制度建构的产物，即"社会建构的身体"（the socially constructed body）。谢琳认为，这种建构论受到四个因素的影响：道格拉斯的人类学、对人类身体历史进行探究的近期作品、福柯的著作和戈夫曼的理论。尤其是福柯和戈夫曼对身体社会学的影响更为明显。但这二者之间的理论存在很大的差异，这一方面是缘于他们著作的形式和风格迥异，另一方面则是福柯被认为是后结构主义者（关注话语和权力对身体的规训与惩罚），而戈夫曼则被认为是符号互动论者（关注作为社会行动要素的身体）。福柯和戈夫曼的这种影响，在当代主要体现在特纳和弗兰克的身体理论中。虽然特纳综合了马尔萨斯、霍布斯、卢梭、韦伯、帕森斯、戈夫曼等人的理论，以探讨他所谓的新的"霍布斯的秩序问题"。但从特纳的身体结构模式（表1-1）可以看出，他

---

①布莱恩·特纳. 身体与社会 [M]. 马海良，赵国新，译. 沈阳：春风文艺出版社，2000：93.

受福柯的影响更为明显，他和福柯一样更加关注社会制度对身体的生产和控制。而弗兰克的身体行为模式更加关注"活生生"的身体及其体现问题，这可以被看作戈夫曼所探讨的日常生活中互动的身体的一个继续和发展。

特纳认为，"我们主要的政治与道德问题都是以人类身体为渠道表现出来的"。① 而在传统的社会理论中，理性霸权对人的压抑十分明显，如韦伯的"铁牢笼"、马克思的"异化"、哈贝马斯的"生活世界的殖民化"、福柯的"规训社会"与全景敞视监狱等。而且，这些理论中所论述的都是高度符号化的"抽象人"，而具有感受性、体验性的"具体人"是不存在的。身体社会学以身体为切入点，以精神与肉体的活动为分析对象，关注到丰富多彩的日常生活世界中人的生物性、感受性和体验性，试图把人从现代理性的霸权下救赎出来，达到人的自由和解放。这和西方自文艺复兴、启蒙运动以来肯定人性和人的价值的人本主义思想一脉相承，如爱尔维修（Helvetius）认为，肉体的感受性乃是人们生活的基础，当然，也是和马克思所设定的未来的共产主义社会就是要实现人的全面解放是一致的。更重要的是，可以丰富我们对于人的把握，让"人"成为可以分析的具体对象，避免空泛论"人"而引起的抽象性和笼统性；或把人放置在具体的社会生活世界中加以考察，使之由以前社会理论中所谈论的"抽象人"转变为"具体人"，以更好地认识和理解人的行动及其意义。

第二节
福柯的规训理论

米歇尔·福柯（Michel Foucault，1926—1984），20 世纪法国知识界的核心人物和"思想怪杰"，当代西方最富挑战性和批判性的思想家之一。他的思想新奇怪异，鞭辟入里，自成一体。身体理论能在当代西方社会科学和人文领域影响巨大，和福柯的影响密不可分。如果说传统的身体研究

①布莱恩·特纳. 身体与社会［M］. 马海良，赵国新，译. 沈阳：春风文艺出版社，2000：8.

更多是停留在社会建构和文化再造的话，那么福柯的研究则进一步将身体研究推向了政治层面，建立了身体政治学。[①] 福柯用知识考古学和权力谱系学的方法，探讨了权力、知识、话语等在微观层面是如何介入身体、惩罚身体、规训身体、控制身体的。所以，福柯考察了疯癫的身体（《疯癫与文明：理性时代的疯狂史》，1961）、医学的身体（《临床医学的诞生》，1963）、驯服的身体（《规训与惩罚》，1975）、性的身体（《性史》，1976），以说明在现代性、理性、真理、进步等话语掩盖下，知识和权力是如何逐步渗透到社会生活的各个角落，对身体控制由暴力变为非暴力、直接变为间接、局部变为全面的演变过程，以展示在现代社会中身体所遭受的苦难，进而寻求人的自由之路。

如前所述，在福柯看来，规训是一种权力"物理学"或权力"解剖学"，是由一系列程序、层次、目标组成的一种特殊的权力类型与技术手段——既是权力干预、训练、监视身体的技术，又是制造知识的手段，规范化训练是这一概念的核心。[②] 而且，规训既不是通过国家力量的暴力来征服个体，也不是运用意识形态来控制社会，而是通过空间分配、活动编码、时间安排和力量组合等微观技术，以及层级监视、规范化裁决和检查等手段来规范身体、训练身体、控制身体，从而创造出现代社会"驯服而有用"的身体。

一、规训的产生

在《规训与惩罚》中，福柯认为，规训的产生经历了三个阶段：酷刑、惩罚、规训。

1. 古典时期作为"公共景观"和君主权威的酷刑

这里的"古典时期"是指法国大革命之前的君主专制时期，这时的惩罚机制主要依靠血腥、暴力的酷刑来施加对身体的直接惩罚，如"对肉体施加酷刑和肢解，在面部和臂部打上象征性烙印，示众和暴尸"等。而

①文军. 西方社会学理论：经典传统与当代转向［M］. 上海：上海人民出版社，2006：349.

②米歇尔·福柯. 规训与惩罚：监狱的诞生［M］. 刘北成，杨远婴，译. 北京：生活·读书·新知三联书店，1999：375.

且，这种惩罚必须公开展示，成为"公共景观"的一部分，它不仅使犯罪者用身体的痛苦来承担自己的罪行，也是一种司法仪式，更是一种政治仪式和权力仪式，以展示专制制度下君主的权威。但在欧洲和美国，这种惩罚机制逐渐引起了许多哲学家、政治家和法学家的伦理、道德争论，甚至还有民间请愿，他们认为，这种酷刑本身的暴虐程度在某种程度上超过了犯罪本身，法官似乎变成了谋杀犯，而受刑的罪犯反而变成了值得怜悯的对象。

2. 18 世纪中后期人道主义的"温和"的惩罚

到了 18 世纪中期，在西方社会长期广泛存在的酷刑逐渐被"温和"的惩罚所取代。在惩罚方式上，以前制度中直接的鲜血和痛苦的色彩减少，而仁爱、尊重、人道等元素显著增加，使得惩罚以更普遍、精巧和温和的方式嵌入到社会中去，减少了政治和经济代价。而且，惩罚对象也发生了转置，曾经降临在身体上的酷刑变成了对内在灵魂的征服，惩罚功能从以前公开展示的、君主权威的标志变成对社会大众进行保护的符号。当时，监禁作为一般的惩罚形式被提出来，因为它能保证惩罚的特定性、适当性和有效性，并在每一次惩罚之后能对所有人有所"教益"。所以，监狱网络在欧洲迅速扩展，并成为惩罚权力实施的新场所和主要工具。

3. 19 世纪以来的规训

19 世纪以来，精神病学、犯罪学、犯罪人类学等方面的知识和技术逐渐渗透到惩罚制度中来，它们以科学的名义和司法实践结合在一起，控制着人们的身体。同时，国家权力也隐藏在知识背后，对身体进行规范和训练，这就是控制身体的新的"政治技术学"——规训。福柯认为，规训具有如下一些新颖之处：（1）在控制范围上，规训是一种微观权力，它不再把人体当作不可分割的整体加以看待，而是从运动、姿势、速度等机制上以分类处理的方式掌控人体。（2）在控制对象上，规训所强调的不再是行动的符号与意义，而是身体本身及其力量运用，所以唯一真正重要的仪式是对身体的规范化训练。（3）在控制的模式上，规训通过一系列的时间安排、空间分配、活动的编码等手段关注活动的过程而非最终结果，并强加给身体一种"驯顺—功利"的关系，从而形成对人的"不间断的、持续的"控制。

二、规训的"微观技术"

福柯认为，规训对人身体的成功控制和使用，得益于以下四种"微观技术"：

1. 空间分配

规训的实施必须要在一个封闭的空间中进行，如欧洲修道院、要塞或城堡等，这种模式后来逐渐被兵营、学校和工厂等所采纳。同时，在这个空间中，依据单元定位或分割原则，明确分配每一个人的空间位置，从而有效地监督个体、维持秩序。而且，规训是一种"等级排列艺术"，通过对个体的区别对待，使得个体的位置在空间的关系网络和等级体系中不断变化和流动。最后，还能通过对个体的分配和组合创造出一种新的空间，如在特定的医疗空间中通过对病人的隔离和区别对待而产生出新的"行政和政治空间"。

2. 活动编码

规训对活动的编码受到时间安排的影响，而这种时间安排则源于修道院所提供的模式，如"规定节奏""安排活动""调节重复周期"等，即通过精打细算使身体被精确、专注、高效地投入到运营中，活动编码逐渐运用于学校、工厂、军队和医院等场所。尤其是在军队中，士兵每一个动作的方向、力度和时间都做了预先的衡量和规定，使得时间深入身体，在身体与其操纵对象之间建立了紧密的联系，从而造就训练有素的身体。而且，这种规训技术不仅具有控制和驯服身体的功能，也具有积极的生产和建设功能。它通过对时间的不断强化和彻底使用，使个体始终保持"最高速和最大效率的理想极限"，进而"榨取"身体的能量和资源。

3. 时间安排

福柯认为，规训能积累和使用时间，以成功地规范和训练身体。以军事组织为例：首先，把连续的时间分解成独立、平行的片段，在每个规定的时间片段中进行细微和精确的活动；其次，把各个时间段中的细微动作进行排列组合，注重对身体动作的力量、技能和灵活性的训练；再次，对每一个划分的时间片段进行考核，以保证每一个受训者达到标准要求；最后，不仅要对个体进行普遍的标准化训练，还要根据个体的资质、能力和

分工的差异对其进行特殊训练，以完成对身体的规训。

4. 力量组合

规训所面对的不仅是在时间和空间中分散的身体，还要通过对身体的组织、协调而产生组合效应，达到效率的最大化。在这个过程中，个体的力量、勇气不再是决定性因素，个体的年龄、空间配置、时间安排、活动规律、良好的秩序、精确的命令系统等因素之间的相互组合至关重要，只有这样才能使个人身体和集体人口身体的效用达到最大化。

三、规训的"宏观手段"

福柯认为，规训是现代社会的一种微观权力，它与以往的君主权威或宏观的国家权力相比，是不尽相同的。它通过自己特殊的方式侵蚀和改变着以往的宏观权力，其间，层级监视、规范化裁决和检查等三种宏观手段的运用非常重要。

1. 层级监视

规训权力的实施必须借助监视来发挥它的效用。如在军营、医院、学校和工厂等建筑中，其建筑结构除了满足人们的物理功能需求之外，其空间布局也有利于对个体进行"分层的、持续的、切实的"监视。同时，通过监视，规训权力隐藏在社会结构和关系网络中，变成一种"匿名的权力"，并具有了两个显著属性："毫不掩饰"性和"绝对审慎"性。"毫不掩饰"是指监视背后的规训权力无时无处不在，"绝对审慎"则指这种规训权力是以沉默和隐蔽的方式发挥作用。所以，规训这种"权力物理学对身体的控制遵循着光学和理学的法则运作，即玩弄一整套空间、线条、格网、波段、程度的游戏，绝不或在原则上不诉诸滥施淫威和暴力，这是一种更为微妙的'物理'权力"。[①]

2. 规范化裁决

在军队、学校和工厂中，都有一整套微观惩罚机制，它所面对的就是身体的各种"不规范"表现。对此，规训机构首先是把个人表现纳入一定

---

①米歇尔·福柯. 规训与惩罚：监狱的诞生 [M]. 刘北成，杨远婴，译. 北京：生活·读书·新知三联书店，1999：200.

的整体空间中去，并根据规范化的标准对个体行为进行精确评估和规范化的裁决，标出差距。然后，具有"矫正性"的规训权力有针对性地对身体进行惩罚和奖励。它除了借助传统司法模式的手段之外，更注重对不规范行为进行反复多次的规范化训练，以缩小差距并最终达到要求。因此，"在规训机构中无所不在、无时不在的无休止惩戒具有比较、区分、排列、同化、排斥的功能，总之，它具有规范的功能"。①

3. 检查

检查把层级监视和规范化裁决这两种技术结合起来，也把知识和权力联系起来。如医院的巡诊制度、学校的考试制度等都是检查制度的具体表现。首先，检查制度置换了权力行使方式。在传统中，权力是可见、可展示之物，受权力支配的个人则处在权力的阴影中。但在检查制度中规训权力却以一种匿名、隐蔽的方式存在，而规训对象则以"客体化"的方式显著表现出来。其次，检查不仅把个人置于监视和规范化的网络之中，也使个人以文字、记录、文件、档案的形式存在于"书写网络"之中。最后，检查中所包含的各种文牍技术把个体变成一个个符码和个案，每个人都以自己的个性作为身份标志和个案特质，并通过分类、注视、观察、描述等手段，成为规训权力的对象和产物。

四、规训的社会后果

这种规训策略最普遍化的运用，就是"全景敞视监狱"的兴起。这种"全景敞视监狱"的中心是一座瞭望塔，四周则是一个环形建筑。在瞭望塔中有许多大窗户，环行建筑中的囚室则有两个小窗户，监视者能随时直接探查到囚室中的囚犯。它保留了传统牢狱的封闭功能，并使得权力的运作处于持续的、可见状态，造成了权力的"自动化"和"非个性化"。在这里，由谁来行使这种权力并不重要，重要的是权力在运作过程中抛弃了镣铐和暴力，寻求非暴力性和"非肉体性"，囚犯的一举一动都在瞭望塔的监控之下，迫使其自动地遵守制度、改邪归正。除此之外，全景敞视建

---

①米歇尔·福柯. 规训与惩罚：监狱的诞生 ［M］. 刘北成，杨远婴，译. 北京：生活·读书·新知三联书店，1999：206.

筑还具有实验的功能，"它可以被当作一个进行试验、改造行为、规训个人的机构；也可以用来试验药品，监视其效果"。① 逐渐的，这种全景敞视建筑变成了一种"权力试验室"和规训的"铁笼"。

福柯认为，这种全景敞视模式不会自生自灭，而是注定要运用到整个社会机构中去，如医院、军队、工厂和学校。在那里，医生、军官、教师和各种类型的专家医治病人、训练军人、监督工人和教育学生，取代了以前的君主和法官成为了现代社会规训权力的主要实施者，逐渐形成"全景敞式主义（panopticism）"和"规训社会"。在这里，权力日益渗透到社会生活的各个角落，而且权力运作更加自如，规训效果更加明显。这不应当仅仅被看成是古典的、公开的、暴力的惩罚向现代的、隐蔽的、温和的规训的过渡，而更应该被视为一种新的权力惩罚机制和技术的建构，使得权力分布更加合理均衡，惩罚技术更加精巧有效，并且政治和经济代价更小。所以，福柯写道："愚蠢的暴君用铁链束缚他的奴隶，而真正的政治家则用奴隶自己的思想锁链更有效地约束他们。正是在这种稳健的理智基点上，他紧紧把握着锁链的终端。这种联系是更牢固的，因为我们不知道它是用什么做成的，而且我们相信它是自愿的结果。"②

当然，从更广阔的视野来看，"规训社会"的形成是和社会领域的其他变革相联系的。第一，纪律的功能转换。以前的纪律主要起的是消极的压制作用，用以束缚行动、消除危险、排斥异端，而现在的纪律则逐渐演变为具有一种积极的生产功能，它能通过规范化的制度安排，规避失范行为，培养个体的能力，生产有用的人才，造就团结高效的社会氛围。第二，规训机制的纷至沓来。现代社会的学校、工厂、医院、军营等和监狱一道成为规训的场所，而且其间规训权力的运作也由以前的可见性变为不可见性，从而使得规训对象更加"客体化"。第三，国家对规训机构的控制。特别是现代警察制度的建立，他们使用"持久的、洞察一切的、无所不在的监视手段"感知社会的一切领域，增加了规训权力的运作效力。无疑，这和吉登斯在论及现代性时所提到的"国家对暴力机构的垄断性控制"是基本一致的。

①米歇尔·福柯. 规训与惩罚：监狱的诞生［M］. 刘北成，杨远婴，译. 北京：生活·读书·新知三联书店，1999：229.
②米歇尔·福柯. 规训与惩罚：监狱的诞生［M］. 刘北成，杨远婴，译. 北京：生活·读书·新知三联书店，1999：113.

五、理性、自由与身体

在《规训与惩罚》等著作之后，福柯继续对身体问题展开思索。1978年，福柯在与康德的同名文章《何为启蒙》中，畅谈了他对启蒙、理性、自由和身体的看法。他首先批判了康德的启蒙观和自由观是"几乎完全消极的"。在康德看来，"启蒙运动就是人类摆脱自己所加之于自己的不成熟状态"，达到"成熟状态"的过程。这个过程当然也就是人类的意愿从受他人权威控制的状态中解脱出来，走向受自己理性支配的过程。所以，启蒙就是号召人们运用自己的理智主动获取知识的一种勇敢行为。可见，启蒙是随着意愿、权威、理性的使用三者之间的原有关系的变化而产生的。①

而且，康德还确定了两个基本条件来判断人是否摆脱了所谓的"不成熟状态"，这两个基本条件既是精神的，也是体制的、伦理的和政治的。首先是简单服从还是理性思考。即人类不再遵从"唯命是从，勿需推理"的绝对权威，而是要在服从命令的前提下，拥有自我意识的自由，能发挥理性思维去有所思考。其次是区分理性的"私下运用"与"公开运用"。因为"必须永远有公开运用自己理性的自由，并且唯有它才能带来人类的启蒙。私下运用自己的理性往往会被限制得很狭隘，虽则不致因此特别妨碍启蒙的进步"。康德认为，理性的私下运用是指"一个人在其所受任的一定公职岗位或者职务上所能运用的自己的理性"，即当个人处于社会结构中的军人、纳税人、神职人员、公务员等社会位置时，理性服从于这些职位的要求而不能过度地自由发挥。反之，理性的公开运用则是指"任何人作为学者在全部听众面前所能做的那种运用"，亦即理性不受任何特殊目的束缚而能普遍、自由和公共地使用。通过建立契约，即便是缘于某种特殊目的的理性私人使用，只要这种目的符合普遍理性和公共精神，那么，也能保障理性能够被公共地、自由地使用。② 可见，康德是在社会历

---

① 米歇尔·福柯. 何为启蒙 ［M］// 杜小真. 福柯集. 上海：上海远东出版社，1998：530.

② 米歇尔·福柯. 何为启蒙 ［M］// 杜小真. 福柯集. 上海：上海远东出版社，1998：532.

史线性发展的基础上，基于人类社会的今天相对于昨天的差异来谈论启蒙的。他认为这个启蒙的过程，是人类逐渐摆脱传统权威、进行普遍的理性思索和行动的过程。在理性约束和对理性进行公共使用的过程中，人类也不断由"自在自发"的状态发展到"自由自觉"的状态。所以，康德认为，人的自由是建立在理性基础之上的。但为了对理性的正当运用，不至于在理性崇拜后产生教条主义和他律状态，故在人类"启蒙"过程中对理性的"批判"必不可少。

正如康德所言："我们的时代是一个批判的时代，一切事物都必须接受批判。"福柯在论述康德的"何为启蒙"与三个"批判"之间的关系时也认为：""批判'正是在这一点上才是最需要的，因为'批判'的作用正是确定在什么条件下运用理性才是正当的，以断定人们所能认识的、应该去做的和准许期望的东西。正是对理性的不正当使用，加上想象，产生了教条主义和他律状态。反之，当理性的正当运用在其原则中得以明确地确定时，理性的自主才能有保证，'批判'在某种程度上是一本记载在'启蒙'中已成为举足轻重的理性的日记；反之，'启蒙'则表明'批判'的代价。"[1]

福柯反对康德这种建构在连续性和理性基础之上的自由观，他在对现代性的探讨中逐渐阐述了自己对自由的理解。他反对人们把现代性当成一个时代的总体特征，或认为现代性是对启蒙原则的继续或背离的观点，认为应当把现代性当作"一种态度"，"是指对于现时性的一种关系方式：一些人所做的自愿选择，一种思考和感觉的方式，一种行动、行为的方式"。[2] 并举波德莱尔[3]的例子来说明现代性是一种态度的观点。波德莱尔认为，现代性具有如下四个特征：时间上的"断裂性"与非连续性，对短暂现时的"讽刺性"的"英雄化"，对自身的"苦行主义制作"和超越，并且，这种现代性只在称之为"艺术"的地方产生。无疑，波德莱尔对现

①米歇尔·福柯. 何为启蒙 [M] // 杜小真. 福柯集. 上海：上海远东出版社，1998：533.

②米歇尔·福柯. 何为启蒙 [M] // 杜小真. 福柯集. 上海：上海远东出版社，1998：534.

③波德莱尔（Charles Pierre Baudelaire，1821—1867），19 世纪法国最著名的现代派诗人，象征派诗歌先驱，代表著作《恶之花》。

基层社会现代性发展中的身体建构

身体与秩序

042

代性的理解，尤其是时间的"断裂性"及人们对这种短暂现时的超越构成了社会历史的发展进程，这种观点和福柯比较类似。在福柯看来，启蒙归根结底塑造了人们的某种哲学"气质"，即批判精神。"能将我们以这种方式同'启蒙'连接起来的纽带并不是对一些教义的忠诚，而是为了永久地激活某种态度，也就是激活哲学的'气质'，这种'气质'具有对我们的历史存在做永久批判的特征。"①

福柯认为，在现代社会，身体的自由并没有显著增加，或者说在身体自由表面增加的背后，隐藏的是更广泛、更严密的规训权力，其结果是使得身体处在一种更不自由的状态中。因为现代资本主义运用各种空间分配、时间安排、活动编码、力量组合等手段来规训人的身体。尤其是"全景敞视监狱"，它不仅用来监视和改造犯人，使其身体的一切活动都置于权力的持续、有效监控之下，这一模式更是被广泛地运用到医院、军队、工厂和学校。福柯认为，这不应当仅仅被看成古典的、公开的、暴力的惩罚向现代的、隐蔽的、温和的规训方式的过渡，更应该被视为建构了一种新的权力惩罚技术和机制。

六、规训理论评价

（一）是其微观权力理论的重要组成部分

一直以来，权力问题都是人们关注的焦点。福柯认为，传统的权力理论主要有两种模式：自由的政治权力模式和马克思的经济权力模式。在自由的政治权力模式中，权力被视为权利，它是具体的，可以通过签订合同、契约等方式像商品一样被转移、让渡、拥有或放弃。如社会契约论者认为，个人把本属于自己的权力以契约的形式转让给国家从而产生了现代的国家权力。马克思的经济权力模式则认为，权力是为经济服务的，权力的主要角色是对特定生产关系的维护和再生产，从而巩固建立在这种生产关系基础之上的阶级统治。进一步看，自由的政治权力是在商品流通和交

①米歇尔·福柯. 何为启蒙［M］∥杜小真. 福柯集. 上海：上海远东出版社，1998：536.

换中实现的，马克思的经济权力也是在生产关系中实现的，所以，这两种权力模式的共同之处就在于"权力理论中的经济主义"①，即权力从属于经济，服务于经济。福柯对此则持反对意见，并着力于对权力的非经济分析。而当代对权力的非经济分析也存在两种模式：一种是"赖希命题"，认为权力是一种压抑机制，压抑自然，压抑本能，压抑阶级，压抑个人，黑格尔、弗洛伊德、赖希等人都持此看法；另一种则是"尼采命题"，认为权力是各种力量和不平衡关系之间的相互斗争、冲突甚至是战争。但"尼采命题"所关注的斗争、冲突和战争实质上仍然是一种力量对另一种力量的压抑，它和"赖希命题"同属于权力的"压抑模式"。

福柯的权力理论关注的不是指向统治权的国家机器、意识形态、法律建构等问题，而是从"利维坦"的模式中解放出来，指向实际的操作层面，即"权力是如何发生的"，权力在具体情境中的实践逻辑、运作机制、支配策略等问题。福柯认为："不要把权力当作统治整体的单质的现象……权力应当作为流动的东西，或作为只在链条上才能运转的东西加以分析。权力从未确定位置，它从不在某些人手中，从不像财产或财富那样被据为己有。权力以网络的形式运作，在这个网络上，个人不仅在流动，而且他们总是既处于服从的地位又同时运作权力。"② 所以，权力是一种关系网络而不是实体，权力是多元的而不是一元的，权力是流动的而不是固定的，个人既是权力运作的载体也是权力建构的产物。那么，福柯的规训理论无疑正是其微观权力理论的重要组成部分，或者说是近代社会以来的权力实践理论。因为自 18 世纪以来，权力的运作逻辑发生了显著变化，由以前血腥、暴力的酷刑变为"温和"的惩罚，并出现了规训权力这种新的权力机制。这种规训权力拥有一整套新的技术策略，它通过空间的分配、活动的编码、时间的安排、力量的组合等微观技术和层级监视、规范化裁决、检查等宏观手段，通过紧密而广泛的权力网络，规范身体、训练身体和使用身体，创造出了当代社会"驯服而有用"的身体。

①包亚明. 权力的眼睛：福柯访谈录 [M]. 严锋，译. 上海：上海人民出版社，1997：224.

②米歇尔·福柯. 必须保卫社会 [M]. 钱瀚，译. 上海：上海人民出版社，1999：27-28.

（二）为当代身体社会学、空间社会学的发展提供了良好的理论资源

从某种程度上来说，身体社会学（the sociology of the body）能在当代西方社会科学和人文学科中产生巨大的影响，和福柯的影响密不可分。这是因为身体社会学以身体为研究对象，一方面考察身体的社会生产、社会象征与文化意义，国家、制度、权力对身体的管理和控制，另一方面则探讨身体实践对社会、文化的建构。而福柯的规训理论则用知识考古学和权力谱系学的方法，考察了社会发展进程中权力、知识、话语等因素在微观层面是如何介入身体、惩罚身体、控制身体的，从而揭示人类自身在现代社会中的生存境遇。尤其在《规训与惩罚》中，福柯主要从"解剖政治学"和"生命政治学"两个方面来谈论身体。他认为，身体的"解剖政治学"关注的是政治肉身（body politic），即在权力的微观运作过程中，知识、技术和科学话语与之日益纠结在一起，身体被各种暴力工具、物质因素、运作策略所驯服。但后来，由于经济的发展、民主政治的要求、社会的进步等因素的出现，这种对身体的直接、暴力的惩罚逐渐被"置换"成对心灵的征服。旧的"解剖政治学"被逐渐淡化和抛弃，取而代之的是"生命政治学"，形成"规训社会"。而且，在"规训社会"中，"不在于权力的规训方式取代其他方式，而在于它渗透到其他方式中，有时是破坏了后者，但它成为后者之间的中介，把它们联系起来，扩展了它们，尤其是使权力的效应能够抵达最细小、最偏僻的因素，它确保了权力关系细致入微的散布"。① 因此，福柯对身体规训的研究，与以往生物学、医学、解剖学等自然科学对身体的关注不同，也与以往身体社会学中仅仅是把身体停留在社会建构和文化再造上不同，而是进一步把身体研究推向了政治层面，建立了"身体政治学"，对当今身体社会学的发展影响深远。

同时，在规训理论中，福柯摒弃了把空间看成是静止的、僵化的、刻板的传统观点，而把空间看成具有流动性、生产性、规范性的实体。福柯认为，规训权力的有效实施有时需要封闭的空间，如修道院、兵营、学校、工厂中均是如此，在这种规训空间中，分格出许多不同的单元，每个

---

①米歇尔·福柯. 规训与惩罚：监狱的诞生 [M]. 刘北成，杨远婴，译. 北京：生活·读书·新知三联书店，1999：224.

人都属于特定的单元，以便权力监督与控制。在后来的全景敞式监狱中，由于监狱特殊的空间构造，造成"向心的可见性"和"横向的不可见性"，使得囚禁者时时刻刻感受到处于匿名权力的监视之下，从而确保规训自动地发挥作用。而且，空间体系不是绝对静止的，而是相对的、可变的。它既为个体提供了固定的位置，又允许空间的重新配置和个人的循环流动。同时，这种空间隔离也可能创造新的空间，如医院对传染病人的隔离和分床措施就产生了新的"医疗空间"。福柯的这些思想，和当代吉登斯、布迪厄等人的空间论述一起，为空间社会学的发展提供了良好的理论资源，推动了空间社会学的发展。

（三）带有明显的权力决定论和权力泛化论的色彩

从表象上看，福柯的著作所关注的都是稀奇怪诞的主题，如精神病、医学、监狱、性等一般学者都不愿涉及的领域，而且福柯的写作也带有法兰西民族特有的浪漫化的、随笔式的风格，常常让人觉得漫无边际。但正如福柯所言，"我使自己有点像一头跃出水面的抹香鲸，留下一串稍纵即逝的泡沫，让人相信，使人相信，人们也愿意相信，也可能人们自己实际上相信，在水面下，有一条人们不再看得到的抹香鲸，它不再受任何人觉察和监视，在那里，这条抹香鲸走着一条深深的、前后一致和深思熟虑的道路"[1]。那么，在这些纷繁芜杂的表象的背后，福柯所潜藏的"深深的、前后一致和深思熟虑的道路"正是对现代性的批判，对当代社会中人的生存境遇的关注，进而寻求人的自由、解放之路。这不仅与福柯受人本主义和尼采思想的影响有关，也和福柯的后现代主义、后结构主义的立场一致。福柯认为，近代以来惩罚机制中残酷的、血腥的、暴力的成分在逐渐减弱，温和的、仁爱的、尊重的元素显著增加。从表象上看，这似乎是"人性"的胜利，是更"人道"的表现，但实际上这种新的惩罚机制——规训，对人的控制不仅没有减弱，反而是大大增强了。它借助一系列新的运作策略不仅控制肉体，还控制精神；不仅控制时间，还控制空间；不仅控制人的现在，还控制人的将来。而且，权力借助这种规训的力量逐渐渗透到社会生活的各个领域，使我们无时无刻不受到更深刻、更全面的监视与约束，形成"规训社会"。

①米歇尔·福柯. 必须保卫社会 [M]. 钱瀚，译. 上海：上海人民出版社，1999：4.

基层社会现代性发展中的身体建构

身体与秩序

毫无疑问，福柯的分析鞭辟入里，令人耳目一新，影响深远。但我们必须注意到，福柯基本上是在否定的意义上来谈论规训，而没有注意到这种规训机制在特定的历史阶段的组织理性需要和结构功能诉求。或者说，福柯过于强调了规训权力的压抑性，忽视了在具体的社会、历史情境中规训的组织合理性与社会结构功能需求。而且，虽然福柯对规训的研究是从微观入手，但他并没有关注到个体在规训权力影响下的主观感受和心理体验，而纯粹的对权力进行"外部分析"，使得人们对权力的实施效力难以有更深的理解和认同，而且，正如人们批判马克思的理论具有严重的经济决定论倾向一样，福柯把一切都归结为权力，并认为当代社会中的医院、工厂、学校等领域都带有深刻的规训权力的印迹，这无疑带有明显的权力决定论和权力泛化论的色彩。

第三节
身体理论的解释与限度

如前所述，身体社会学理论和规训理论产生于西方的社会、历史情境，而并非在中国的社会现实中提出来的。所以用这一理论来解释中国问题就必然要考虑解释的适应性问题，避免给人以牵强附会之感。在社会研究中，社会理论具有一定的普适性，即我们在看待和运用理论的时候应该注意到它所产生的社会、历史情境，但也不要拘泥于它产生的社会、历史情境，要善于从中抽离出它的普适性与方法论，为我所用。正如华康德所言："一种真正新颖的思维方式，即生成性的思维方式，其标志之一就是它不仅能超越它最初被公之于世时受各种因素限定的学术情境和经验领域，从而产生颇有创见的命题，而且还在于它能反思自身，甚至能跳出自身来反思自身……不要怕去'使用它，不要怕使它变形，不要怕让它发出呻吟和抗议'。"[1]

一方面，中国传统思想中有很多关于身体的论述。在甲骨文中，"人"

---

[1]皮埃尔·布迪厄，华康德. 实践与反思：反思社会学导引 [M]. 李猛，李康，译. 北京：中央编译出版社，1998：11.

字的形状所指意的就是人身体侧面站立的形状，而在随后"人"字的字形变化表中，每一个时代和地区的"人"字仍然是象形着人身体的侧立形状。由此可见，在汉语中"人"字的最初含义即为人的"身体"。葛红兵认为，这个特征进一步发展为"贵身"说，使"身"在中国思想中成为一个本体论概念，并构成 3 世纪前中国思想的原初立场。① 或者说，先秦时期中国思想正是发端于对于"身体之人"的关注，是对生活世界中身体的重视、观察、理解、思索和实践的产物。

在被德国著名的哲学家卡尔·雅斯贝尔斯（Karl Jaspers）称之为"轴心时代"（Axial Period）的先秦时期，儒家、道家都提出了丰富的身体思想。在儒家思想中，"身"不仅指形躯之身、生理之身，更多的是指精神、生命、德性、个体的意思。杨儒宾在《儒家身体观》中将其概括为"四位一体"的身体观：形躯生理意义上的身体、精神化的身体、自然气化（宇宙化）的身体、社会化的身体。儒家认为身体的结构乃是"形—气—心"三个层级的有机统一。道家思想中的身体基本都超越了生物之身的含义，指摄整个个体、生命。道家认为，人的身体是由"形""气""神"三个相互联系的层次组成的，是"形""气""神"三者的统一体（图 2-1）。

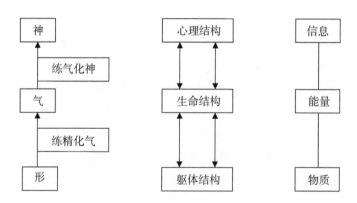

图 2-1　道家三重结构的身体观

但是，与西方的"身心二元"论明显不同的是，中国传统思想中一直是"身心一如""身心互渗"的，即不存在西方社会思想中严格的身心二

①葛红兵，宋耕. 身体政治 [M]. 上海：上海三联书店，2005：16.

分。这为我们看待中国现代性进程中的身体建构问题，尤其是今天这个消费社会中的身体实践提供了智慧的源泉。当然，如何更好地用源自西方的身体理论来解释中国的社会发展，进而在其本土化的进程中促进对中国社会的"自识"（自我理解）、"自省"（自我批判）、"自立"（自我更新），也是一个值得深思的问题。

另一方面，目前学术界已有的身体规训研究为本文提供了众多的理论资源和分析框架。尤其是黄金麟的身体研究三部曲，为中国的身体研究树立了很好的典范。当然，从一个相对较长时间段来看，黄金麟著作中所讨论的身体只是处理了极小一部分的课题而已，它远不足以涵盖身体发展的各个时期与涉入的复杂问题。因为前有南京国民政府统治时期的新生活运动和苏维埃时期对身体的建构，后有 1949 年中华人民共和国成立后国家和制度对身体的影响。当时，强大的国家力量运用各种经济资源、政治资源、文化资源和宣传资源，如户籍制度、单位制度、人民公社制度，采取妇女解放、大跃进等措施，让国家力量约束和影响每一个个体，以充分调动他们的身体资源，为国家建设服务。而在改革开放之后，市场经济和工具理性的逻辑逐渐代替了强大的国家力量而在人们的日常生活中发挥作用，使得身体国家化色彩逐渐减弱。即以往身体上附着的革命、神圣、崇高、伟大等一系列政治符码都趋于消解，而被更多地赋予了现实世俗生活的内容。尤其是消费文化、大众传媒和各种广告对身体美学的病态构筑和过度宣扬，不仅没有提升人们的审美素养和人文精神，反而将部分人的消费价值和身体追求引向一种低俗的境地，使得身体日益沦为性和商品的消费机器而不能自拔。

因此，虽然身体社会学理论和福柯的规训理论具有自身的张力、困惑和其他未曾解决的问题，但这并不妨害我们以之来解释中国问题。这不仅与中国传统思想有某种天然的亲和性，也和当代学术研究的前沿发展紧密相关。本文希望通过对我国现代性进程中身体建构的历时性分析，剖析社会转型中的身体实践与基层秩序变革，推动相关研究的进一步发展。

第三章

污名与改造：现代性启蒙中的身体塑造

一般认为，我国的现代性启蒙发端于清末民国时期。这里"启蒙"类似于西方"启蒙运动"的含义，如康德所说是"人类摆脱自己所加之于自己的不成熟状态"，达到"成熟状态"的过程。即批判和反对宗教蒙昧、封建专制和传统话语的合法性，树立理性和科学的权威，倡导自由、平等、民主、博爱，强调人的重要性，寻求人的解放与发展。中国自维新变法、辛亥革命、新文化运动、五四运动以来，虽然也提出了符合西方启蒙现代性的民主、科学、自由、解放等思想，但阈于当时中国面临内忧外患的特殊时代背景，这种启蒙的主要目的还是在于救亡图存，即把个人解放与自由发展作为寻求国家独立和民族解放的手段，而非真正地追求个人解放和自由权利。李泽厚认为："五四时期启蒙与救亡并行不悖相得益彰的局面并没有延续多久，时代的危亡局势和剧烈的现实斗争，迫使政治救亡的主题又一次全面压倒了思想启蒙的主题。"① 但毫无疑问，清末民国时期是中国现代思想的"启蒙"与"解放"时期，是我国传统文明向现代文明转型过程中具有划时代意义的转折点，是我国现代性进程的"真正开端"。②

这种大的社会环境，无疑对身体建构产生了巨大的影响。首先表现在当时的西方对于中国人持一种污名化的身体观："东亚病夫"。而且，这种群体污名也是一种"身体隐喻"，即借国人身体体质孱弱、病入膏肓而隐喻整个国家衰弱。因此，在经历了这一系列从器物、制度、思想文化上救亡图存的努力和失败之后，人们逐渐将目光转向原先被忽视的"人"，"改造人作为改造一切的基础"成为当时的普遍诉求。随后，各种对人的改造

---

① 李泽厚. 中国现代思想史论 [M]. 天津：天津社会科学院出版社，2003：26.
② 漆思. 现代性的命运 [M]. 北京：中国社会科学出版社，2005：197.

运动此起彼伏，都试图从对身体新的规训中探寻民族独立、国家富强之路。这使得我国现代性启蒙时期的身体建构无一例外地都带有"保种强国"的时代烙印。

第一节
污名化的身体观

"污名（stigma）"一词的历史源远流长，最早可追溯到古希腊。当时的社会给某些人的身体上标记特殊的符号，以示其身份、地位低下或道德缺失、行为越轨等。在基督教传统中也有对污名的相关论述。但污名真正进入社会学领域并成为一个重要的概念，则要归功于美国著名的社会学家欧文·戈夫曼（Erving Goffman）。他在1963年出版的《污名：受损身份管理札记》中，将"污名"界定为人们在日常交往和人际互动中一种"令人大大丢脸的特征"，这种特征使其拥有者"身份受损"，社会地位贬低，社会信誉与社会价值丧失。[①]戈夫曼认为污名有三种类型，分别与身体、性格、集团相关。进而论述了蒙受污名者如何在人际互动中进行"信息控制"及其技巧。随后，戈夫曼的"污名"概念得到了进一步的发展与完善。Crocker P.认为蒙受污名者个体拥有某些特质，而这些特质所传递的社会信息在实施污名者的文化氛围中是被贬损的。Corrigan P. W.进一步认为污名是由"公众污名"与"自我污名"相统一而构成的整体，前者指社会对被污名群体的刻板印象，后者则指公众污名产生之后被污名者出现的自我贬损。Link B. G.和Phelan J. C.又将污名分解为贴标签、刻板印象、隔离、地位丧失和社会歧视等五个要素。[②]

可见，污名的实质就是一种带有贬损性质的刻板印象或社会标签。它类似于社会学中所说的"标签理论"，是一个群体给另一个群体"贴标

---

①欧文·戈夫曼. 污名：受损身份管理札记［M］. 宋立宏，译. 北京：商务印书馆，2009：2-6.

②管健. 污名的概念发展与多维度模型建构［J］. 南开学报（哲学社会科学版），2007（5）.

签"，并为"社会排斥"寻找合理化的依据。一般而言，"污名"概念包含"污名化（stigmatization）""蒙受污名者（stigmatized person）""实施污名者（stigmatizer）"三个要素。其中，"污名化"是指社会、群体将另一个体或群体的偏向负面的特征或印象典型化、扩大化、刻板化，进而以之作为这个群体特征的指代物的动态的建构过程。埃利亚斯（Nobert Elias）在1935年研究胡格诺教徒的论文中，在对犹太人逃离纳粹德国和胡格诺教徒被法国驱逐的比较时，从"污名化"的角度进行了分析："一个群体将人性的低劣强加在另一个群体之上并加以维持，这完全是两个群体之间特定的权力关系的结果。"① 从根源上来看，它是两个群体之间权力不均衡所造成的结果。现在，污名化常常与较低的社会经济地位、生理心理疾病、异常或越轨行为联系在一起，包括身体污名、身份污名、疾病污名、种族污名和地域污名等。

一、身体的污名化

近代以来，对中国人身体污名化最直接的表现就是"东亚病夫"，这也是一种典型的群体污名。据相关资料显示，关于"东亚病夫"的缘起最早可追溯到中日甲午战争后。1895年严复在天津《直报》发表的《原强》一文把中国人称为"病夫"。这无疑是严复对当代国人和国势的一种警示。他认为"一种之所以强，一群之所以立，本斯而谈，断可识矣。盖生民之大要三，而强弱存亡莫不视此：一曰血气体力之强，二曰聪明智虑之强，三曰德行仁义之强……盖一国之事，同于人身。今夫人身逸则弱，劳则强者，固常理也。然使病夫焉，日从事于超距赢越之间，以是求强，则有速其死而已矣。今之中国，非犹是病夫也耶？"② 在严复看来，一个国家的强弱存亡，与个人身体好坏一致。当时的中国人蓄长辫，穿长袍，吸鸦片者吞云吐雾，面黄肌瘦，萎靡不振；小脚女人裹脚缠足，弱不禁风，形容枯槁；外加列强环绕，虎视眈眈，致使国家衰败，民族危亡。

1896年英国的《伦敦学校岁报》在评价中日甲午战争时也认为中国乃

---

①杨善华. 当代西方社会学理论［M］. 北京：北京大学出版社，1999：336.
②牛仰山. 严复文选［M］. 天津：天津百花文艺出版社，2006：15.

是"东方病夫"（Sick man of East Asia）。同年 10 月 17 日英国人在上海办的英文报纸《字林西报》转载了此文。11 月 1 日，在梁启超主编的《时务报》也译发了此文："夫中国——东方病夫也，其麻木不仁久矣。然病根之深，自中日交战后，地球各国始悉其虚也。"1901 年，在革命派办的《国民报》第三期上刊登了一篇日本人谈论中国的文章，题目为"东方病人"。由此，"东方病夫"一词也陆续出现在中国的各种报纸杂志上，引起了国人和舆论界的强烈反响。清末著名的革命家陈天华对"东方病夫"之称深以为耻，愤慨无比。在《警世钟》中他写道："耻！耻！耻！你看堂堂中国，岂不是自古到于今，四夷小国所称为天朝大国吗？为什么到于今，由头等国降为第四等国呀？外洋人不骂为东方病夫，就骂为野蛮贱种。"当时著名的小说家曾朴在续写《孽海花》时也取笔名为"东亚病夫"，并在书上署名为"爱自由者发起、东亚病夫编述"。"东亚病夫"一词遂流传开来。据传，1936 年的柏林奥运会上，中国派出 140 余人的代表团参与比赛，但一无所获。据传代表团归国途经新加坡时，当地报纸刊载了一幅漫画：在奥运旗帜下，一群长袍马褂、身体屡弱的中国人，扛着一个硕大无比的鸭蛋，题为"东亚病夫"。

由此可见，甲午战争失败后，西方舆论界开始以污名化的"病夫"来形容中国长期处于国力衰弱且改革效果不明显的尴尬境地。但也有论者认为这种 sick man 的称谓并不一定代表了西方对中国的污名，或许更多是对当时中国现状的一种直观描述。因为 sick man 源自俄罗斯沙皇尼古拉一世对奥斯曼帝国的形容，从 19 世纪中叶起奥斯曼帝国就因国力衰弱而屡遭西方列强欺凌。1896 年《时务报》转载了一篇《字林西报》的文章"天下四病人"时，则将中国、土耳其、波斯和摩洛哥并列为当时天下的四大病人。近年来，包括英国、意大利、德国、奥地利、俄罗斯、日本等国家国力衰退时，都曾被西方新闻媒体以"sick man"的称呼来形容其困境。而当时中国一些先知先觉的知识分子们，如严复、康有为、梁启超等人，也适时借用了西方对中国的这个称谓，对中国近代以来的衰弱深入反思和剖析其缘由，或借此阐述中国急需变革的迫切性和正当性。如康有为 1896 年上书给光绪帝称："中国与突厥（今土耳其）乎，西欧久诮为东方两病夫，其意谓未知孰为先死。今中国之形与突厥同，中国之病，亦与突厥同。臣编译突厥事，窃窃自危，旁皇（彷徨）泪下，窃幸恭逢我皇上神圣英武，

维新变法，且决立宪，有以起病而扶衰焉，惟此独与突厥异。"① 所以，这时所谓的"病夫"主要指中国国力长期衰弱和改革无力的状态，而并没有涉及民众或其身体问题。

但到了 20 世纪初，在"改造人作为改造一切的基础"、强国必先强身等思潮的影响下，"病夫"的含义则逐渐转由以前的代指清政府统治下中国国力之衰弱转向指代所有国人的身体羸弱。如梁启超在《新民论》中说到的："二千年之腐气败习，深入国民之脑，遂使群国之人，奄奄如病夫，冉冉如弱女，温温如菩萨，戢戢如训羊……合四万万人，而不能得一完备之体格。呜呼！其人皆为病夫，其国安得不为病国也。"② 另一方面，随着国家衰亡而引起的民族主义意识的高涨，中国在追求现代性，实现国家独立、富强的过程中，"病夫"论的外来性质越来越被强调，人们逐渐超越了"东亚病夫"思想产生的"历史情境"和单纯意义，而把它当做是傲慢无礼的西方人对中国人的嘲笑和指责，乃至西方文化对中国文化的贬损和殖民。在维新变法者看来，"病夫"论是西方现代价值观对中国社会的诊断，中国只有勇于面对和接受这种现实，并倡导改革，才能去掉"病夫"的称谓；而在激进的民族主义者看来，"东亚病夫"无疑是西方加诸中国人的侮辱性标签，是殖民主义在中国建构的话语霸权和"语言暴力"。这在一定程度上也反映了中国在从积贫积弱走向现代化的进程中，尤其是在面对西方现代性挑战时人们爱恨交织的复杂心态。

当然，"东亚病夫"这种身体污名在当时中国的精英群体与普罗大众当中引起激烈的共鸣与反思，也表明在强势的西方文明面前，中国人对于自身在全球格局中的位置、角色、自我认同等发生了巨大变化。鲁迅曾说，"中国人对于异族，历来只有两种称呼：一样是禽兽，一样是圣上。从来没有称他为朋友，说他也同我们一样的"③。冯友兰也有类似的表述："中国人历来的传统看法是，有三种生灵：华夏、夷狄、禽兽。华夏当然最开化，其次夷狄，禽兽则完全未开化。"④ 但面临晚清以来与西方交手的

①康有为. 进呈突厥削弱记序 [M] // 谢遐龄. 变法以致升平：康有为文选. 上海：上海远东出版社，1997：381.

②梁启超. 新民说 [M]. 沈阳：辽宁人民出版社，1994：153-163.

③鲁迅. 鲁迅全集：第 1 卷 [M]. 北京：人民文学出版社，2005：352.

④冯友兰. 中国哲学简史 [M]. 北京：北京大学出版社，1985：221.

一系列溃败，以及污名化的"东亚病夫"，使得国人一向自视甚高的传统心态变成了贫弱、自卑和屈辱的体验。因此，无论是国家权力还是民间力量推动的改造"东亚病夫"的污名，把国人羸弱的身体改造成强壮的身体，进而建构出现代人和强盛的现代国家成为当时人们的普遍诉求。也可以说，这种身体话语建构成为中国人对现代性理解的起点。而且，这种理解成为我们建构现代自我和民族国家的出发点。甚至可以说，"中国人对现代性的体验和理解，首先是从身体开始的"①。

二、污名的"身体隐喻"

从身体社会学的角度来看，"东亚病夫"这种身体的污名化也是一种"身体隐喻"，借身体体质孱弱、病入膏肓而隐喻国家衰弱。摆脱"东亚病夫"，不仅仅是要实现国民个人身体的健康，更重要的是要借此实现整个国家的繁荣富强。按照福柯的观点，身体不仅指单数的、个人的身体（the individual body），也指复数的、社会人口的身体（the populations body）。前者主要是"人类身体的解剖政治学"（an anatomo-politics of the human body），包括对个人身体的规训，对个体的临床检查和微观辨别，优化身体功能等；而后者则涉及"人口的生命政治学"（a bio-politics of the population），它是国家、政府采用人口统计学、流行病学和公共卫生科学的方法来关注整个社会的出生率、死亡率、人口健康状况、身体体质、体育锻炼等，以监管和控制社会的人口。照此理解，国家无疑也可以被看成是一种身体。那么，"东亚病夫"就是我们理解身体与国家、个人身体与国家身体互为隐喻的切入点。对此，汪民安认为："国家身体需要借助个人之力才能强化自身，它是个人之力的聚集、表达和再现，只有个人身体得到强化，国家身体才能强化，这二者相互追逐，相互嬉戏，相互吸引，相互聚集。只有个人身体健康，作为一个整体的国家身体才能在和敌国的较量中占有上风。同样，个人之力只有在民族国家内部才能施展，它借助国家身体的强化而强化，国家身体是个人身体的催化剂，是它的框架、氛围和基石。正是在这个意义上，国家身体和个人身体才能统一和协调起来，国

---

①李自芬. 小说身体：中国现代性体验的特殊视角［D］. 成都：四川大学，2005.

家身体和个人身体才能相互隐喻和指代。"①

这种身体的隐喻思想也被有的学者视为东亚尤其是中国思想传统的特色之一。② 早在《周易·系辞下传》就有"近取诸身，远取诸物，于是始作八卦，以通神明之德，以类万物之情"。言下之意，在思考的时候，人们常从近处选取人的身体作为隐喻，从远处则选取其他事物作为隐喻。《孟子·离娄下》有"君之视臣如手足，则臣视君如腹心"，《管子·君臣下》也有"君之在国都也，若心之在身体也"。德国哲学家卡西尔（Ernst Cassirer）（1874—1945）也认为，人类思维的显著特性就是具有符号系统，人们常以这种符号系统的抽象性、象征性来婉转曲折而非直接的表达来分析科学、宗教和艺术等，即为"隐喻思维"（metaphorical thinking）。这种隐喻思维主要关注身体的文化象征意义，把身体看成是"社会意义或社会象征符号的载体或承担者"。

这种身体的隐喻思维在社会学中非常常见。涂尔干在《宗教生活的基本形式》中认为，宗教就是一种符号系统，它隐喻超现实的神圣世界，从而反映世俗社会的规范和力量。涂尔干认为：宗教是一种既与众不同又不可冒犯的神圣事物有关的信仰与仪轨所组成的统一体系，这些信仰与仪轨将所有信奉它的人结合在一个被称之为"教会"的道德共同体之内。③ 这种宗教的信仰、仪轨、教会和情感因素组成的集体意识约束着个体行为，加强了社会整合，促进了社会团结。涂尔干认为人既具有个体性，也具有社会性。相应的，身体也就具有两个层面，一方面是"生理性的身体"，另一方面是"较高层次的道德化社会化的身体"，是社会某种集体意识的象征。在分析文身和图腾时，涂尔干认为它们就是一种隐喻和符号系统，它们"不是为了再现事物的外貌，而是意在表现，组成图腾形象的线与点都被附以完全约定俗成的意涵"④。

①汪民安. 身体、空间与后现代性 [M]. 南京：江苏人民出版社，2005：35.

②黄俊杰. 东亚儒家思想传统中的四种"身体"：类型与议题 [J]. 孔子研究，2006（5）.

③爱弥儿·涂尔干. 宗教生活的基本形式 [M]. 渠东，汲喆，译. 上海：上海人民出版社，1999：54.

④爱弥儿·涂尔干. 宗教生活的基本形式 [M]. 渠东，汲喆，译. 上海：上海人民出版社，1999：304.

赫兹（Robert Herz）在《死亡与右手》中认为，人类对身体的左手和右手的不同重视程度，也反映了一定的隐喻思想。赫兹认为，左手和右手之间的这种截然对立是划分神圣和世俗的宗教二元对立的基本表现，这明显继承了涂尔干和莫斯的研究传统。人们对右手的偏好代表了神圣、生命、价值、力量、男性活力的一面，而对左手的忽视则代表了邪恶、死亡和女性。甚至在当代社会，偏右手性依然与身价、灵巧性和美的思想观念联系在一起。身体为个体和集体的存在提供了深刻而又丰富的隐喻、明喻和概念化的模式源泉。[1]

道格拉斯（Mary Douglas）明显受到涂尔干和莫斯的影响。她在《自然象征》中认为身体是社会的产物，是一种文化象征系统，身体的行为体现了具体情境中的各种社会关系。在她看来，存在两种身体：物理身体和社会身体。她认为："社会身体制约着我们对物理身体的理解。我们对于身体的物理的经验总是支持某一特定的社会观点，它总是被社会范畴所修改，并通过它被了解。在两种身体经验之间，存在着意义的不断转换，这样，任何一种经验都强化着另一种。"即物理身体为文化象征系统提供了物质资源，是社会身体的基础，在特定的社会情境中，社会身体及其行为则表现了这种文化象征的内涵。在《洁净与危险》中，道格拉斯又以《圣经·利未记》中的食物禁忌为例，说明对食物的洁净和肮脏的划分其实是一种隐喻，是一种符号象征系统。其中，洁净隐喻着"秩序""完美"，而肮脏就隐喻着"失序"，意味着对现存社会秩序和结构的挑战。所以，道格拉斯认为："饮食规则就是一种标志，它时时处处使人们深刻体会上帝的唯一性、纯洁性和完美性……遵守饮食规则就成了承认与崇拜上帝的重要圣事中极有意义的重要组成部分，而这种圣事往往在圣殿举行的献祭仪式中达到高潮。"[2]

---

①布莱恩·特纳. 身体与社会［M］. 马海良，赵国新，译. 沈阳：春风文艺出版社，2000：11.

②玛丽·道格拉斯. 洁净与危险［M］. 黄剑波，卢忱，等，译. 北京：民族出版社，2008：73.

第二节
改造人作为改造一切的基础

中国现代性的启蒙时期，是传统社会的"超稳定结构"被"三千年未有之变局"被打破的时期，也是传统文明向现代新文明秩序转化的时期。在经历了一系列从器物、制度、思想文化上救亡图存的努力和失败之后，知识精英和权力精英逐渐将目光转向原先被忽视的"人"，改造人作为改造一切的基础遂成为当时的普遍诉求。此后十几年间，培育新民（如蔡锷、蒋百里倡导的"军国民教育"、梁启超提出的"新民说"、新文化运动中的"新青年"，以及后来的"公民教育运动"）、妇女解放运动、重视体育教育、军事训练、新文化运动等对人的改造运动此起彼伏，都试图从对身体新的规训中探寻民族独立、国家富强之路。黄金麟认为，身体并不是从一开始就与国家存亡和民族兴衰密切联系在一起的，将身体赋予一个中国传统社会的劳役和赋税之外的职责，是十分时代性的决定，即国势的颓危、各种改革的失败、知识分子积极采纳并努力加以实践的各种身体论述，这三种因素共同促进了身体改造成为时代的焦点。①

一、培育"新民"的话语及实践

受斯宾塞的社会达尔文主义的影响，严复在《原强》中认为："民民物物，各争有以自存。其始也，种与种争，群与群争，弱者常为强肉，愚者常为智役。"而当时中国"民力已堕、民智已卑、民德已薄"，要摆脱"东亚病夫"的屈辱，在这个弱肉强食的世界生存下去，必须从民体、民智、民德三方面培育新民："是以今日要政，统于三端：一曰鼓民力，二曰开民智，三曰新民德……唯是使三者诚进，则其治标而标立；三者不进，则其标虽治，终亦无功。"② 其中，"鼓民力"就是要禁绝鸦片和缠足

---

①黄金麟. 历史、身体、国家：近代中国的身体形成（1895—1937）[M]. 北京：新星出版社，2006：17-18.

②牛仰山. 严复文选 [M]. 天津：百花文艺出版社，2006：25.

恶习，使国民锻炼身体，形成"壮佼长大，耐苦善战"的强健体魄和"骁猛坚毅"的尚武精神；"开民智"就是要废除传统的科举考试和八股取士，倡导西学，培养现代人才；"新民德"就是要废除封建专制统治，实行君主立宪，举行公民选举，培育国民的公共道德。所以，严复主张在教育上体育、智育、德育并重；革除传统教育中的腐朽内容，增加西方的"格物致知"之学；重视家庭蒙养教育，普及大众教育，塑造"新民"。

维新变法失败后，康有为、梁启超分别撰写了大量文章以总结失败教训。康有为在《公民自治》中认为，以往国家之间的竞争，靠的是个别的圣君、贤相、良将的才能；如今国家之间的竞争，则要靠全体国民的"才气心识""技艺器械"。欧美、日本等国之所以国富民强，根本原因就在于"以民为国"，公民"人人有议政之权，人人有忧国之责"。故中国之变法，不仅要进行政治制度和官员体制上的变革，更要对公民之身体进行改造，造就"公民"，使得四万万民众都能"进于爱国，进于公益，进于自重，进于好施，进于学识"。倘如每一个公民都能健壮、爱国、恤贫、开智、知耻，则国家就能繁荣富强。

梁启超认为，国家犹如人的身体，民众犹如身体的器官。要医治患病的身体，必先诊治其器官；那么，要拯救危亡的国家，则必先铸就"新民"："国之有民，犹身之有四肢、五脏、筋脉、血轮也。未有四肢已断，五脏已瘵，筋脉已伤，血轮已涸，而身犹能存者；则亦未有其民愚陋怯弱涣散混浊，而国犹能立者。"① 故培育新民，"为今中国第一急务"。然后分别论述了新民应当具有的公德、国家思想、进取冒险、权利思想、自由、自治、进步、自尊、合群、生利分利、毅力、义务思想、尚武、私德、民气和政治能力等品格，并指出通过兴教育、办报刊、进行"小说革命"等手段来铸就新民。

梁启超的"新民"论明显受到斯宾塞社会有机体论的影响。而且，当时培育新民有两种大相径庭的观点，一种是全盘西化学习西方，另一种则是强调继承民族传统。严复、康有为的新民思想无疑是否定传统偏重西化，有失偏颇；而梁启超"新民"论则中西合璧，较为辩证。他强调的私德、毅力、合群等无疑继承了中国的传统思想，而公德、进取冒险、权

---

①梁启超. 新民说 [M]. 沈阳：辽宁人民出版社，1994：2.

利、义务、自由、自治等则源于西方文化的影响。梁启超能在当时社会普遍流行欧风美雨的风气之下，冷峻地剖析中西文化之特点，兼收并蓄，以重塑身体、改造国民性来铸就"新民"，进而救亡图存。虽然实践结果不甚理想，却对后来鲁迅等人对国民性的分析产生了深远的影响。

在内忧外患的清末，培育新民的首要当然是废除传统的科举制，兴办新式教育。1905年，剑阁县遵令废除科举考试制度，开始兴办学堂。按学部规定，在县城兼山书院开办第一所高等小学堂，有数十人入学。翌年，又在剑门、武连、开封、元山、金仙、白龙、龙源等地创办34所初等小学堂。就课程设置而言，初等小学堂课程有修身、读经、算术、体操、手工等；高等小学堂在初等小学堂课程的基础上增设中国文学、历史、地理、格致（动物、植物、矿物）、农业、商业等课程。[①] 这无疑是在中国传统教育内容的基础上，吸纳了部分西方教育的内容，为救亡图存培育新民。

民国建立后，新的教育制度逐步完善并推广。1912年，学堂一律改称学校。至1926年，县属重镇已设高等小学8所，初等小学135所。1930年，县于兼山书院设立初中一所。其课程设置也较之以前多有不同，培育新民的色彩更加浓厚。初级小学设国文、算术、体操、手工、图画、唱歌；高小设修身、国文、算术、体育、地理、理科（自然常识）、图画、手工、唱歌、体操、农业、商业、英语等。当时就学者众多，大有人文蔚起之势。1932年，全国统一学科后，恢复公民科。[②] 1935年川政统一，首任剑阁专员田湘藩摄县政，设教育科，下设初小、短小（两年制小学，吸收清贫子弟免费入学，实为扫盲班）、民众学校40余所。1937年，"四川省立剑阁乡村师范学校"（简称剑师校）和剑阁农林学校相继成立，发展中等专业教育，为社会培养更多的新式人才。与此同时，县遵令实施义务教育，开展扫盲运动，试办二年制短期小学15所。1940年秋，县推行新县制，实施国民教育制。全县新编乡、镇、保行政区，将原有初小、短小，以及民众学校改称为"保国民学校"，原完全小学改称"中心校"，共建七镇十乡中心小学，保国民学校147所。1944年，保国民学校增至300所，达到省政府规定的"一乡（镇）一校，一保一校"的要求。1947年，

---

① 四川省剑阁县志编纂委员会. 剑阁县志 ［M］. 成都：巴蜀书社，1992：763.
② 四川省剑阁县志编纂委员会. 剑阁县志 ［M］. 成都：巴蜀书社，1992：763.

剑阁县在四川省立乡村师范学校附属小学内设幼稚园 1 所，配保育员 1 人，入园儿童 20 余人。至 1949 年秋，全县有中心国民学校 26 所，学生 1286 名，保国民学校 181 所，学生 5408 人。

在这个过程中，学校课程的设置随着历史的变革而不断变化，其中尤以政治课的教学内容变化最大。清末学堂设修身课，以"忠君"思想教育学生。1917 年在小学修身课内加入"公民须知"。1922 年，改修身课为"公民科"。1929 年，各级学校按《中华民国教育宗旨及其实施方针》，以"三民主义"为教育方针，教育学生。抗日战争时期，在学校开展抗日救亡宣传，对学生进行民族主义和爱国主义教育，并按照政府规定，以"忠、孝、仁、爱、信、义、和、平"和"礼、义、廉、耻"这"八德""四维"为校训。并依此制定守则，在学生中强制推行，将学生培养成驯服公民。民国 35 年后，在学校加强政治教育，国民党县党部、县政府经常派人到剑师校、剑中校监视师生活动，武装镇压学潮，对学生实行思想控制。①

毫无疑问，这种课程设置和教育话语的发展正体现了权力—知识—身体三者之间的复杂关系。在这里，知识和权力都有别于一般意义上的知识和权力。权力不是指马克思、韦伯所谈论的宏观的国家权力，而是特指福柯所谈及的微观权力，如毛细血管一样散布在社会中并通过知识、话语发生作用的庞大而复杂的关系网络。知识是"由某种话语实践按其规则构成的并为某门科学的建立所不可缺少的成分的整体"，是在详述的话语实践中可以谈论的东西。而且，主要是关于人的知识，关注人在话语实践中的作用。对权力与知识之间关系的传统看法主要有三点：知识是获取权力的一种手段，权力是阻碍探求真理的工具，知识是破除权力压抑、实现解放的前提。② 福柯则认为，我们应当抛弃传统的权力—知识之间的对立关系，抛弃权力追求统治、知识追求真理、只有在权力关系暂不发生作用的地方知识才发挥作用的观念，要认识到知识和权力紧密相关，具有内在的联系。即知识为权力实践提供了话语场域，也为权力的运作提供了"合法化"的工具。权力则不仅为知识的存在、发展提供制度支撑和运作渠道，

---

①四川省剑阁县志编纂委员会. 剑阁县志 [M]. 成都：巴蜀书社，1992：764.

②约瑟夫·劳斯. 知识与权力：走向科学的政治哲学 [M]. 盛晓明，邱慧，等，译. 北京：北京大学出版社，2004：12.

而且也在权力实践过程中创造和生产出新的知识。所以，福柯说："权力制造知识（而且，不仅仅是因为知识为权力服务，权力才鼓励知识，也不仅仅是因为知识有用，权力才使用知识）；权力和知识是直接相互连带的；不相应地建构一种知识领域就不可能有权力关系，不同时预设和建构权力关系就不会有任何知识……权力—知识，贯穿权力—知识的构成、发展变化和矛盾斗争，决定了知识的形式及其可能的领域。"① 而且，在对身体进行干预的力量中，知识的形成和权力的增强是相互促进的，即规训技术作为手段不断为权力—知识关系服务，反过来权力—知识关系则通过规训身体把人变为治理的对象。

二、对女性身体的开发

1. 戒缠足

清末，以维新派为代表的先进思想吹响了妇女解放的号角，当时主要有戒缠足、兴女学两项。其实这两件事在此之前并不是没有，早在1842年中英《南京条约》签订后，中国开放广州、厦门、福州、宁波、上海等五处为通商口岸，允许英商及其家属自由居住。此后，便有外国人在中国传教、办学。传教士从西方医学、卫生学的角度出发认为中国妇女的裹脚、缠足对其生理构造和身体健康必将产生不良的影响。如西医传教士雒魏林（William Lockhart）在《从1840—1841年度舟山医院医疗报告》中认为裹脚的折磨以及其难以为人觉察的后果对健康和安逸带来的危害也许并不比西方的时尚给妇女带来的痛苦为甚。当时传教士在所办的《万国公报》上也大量报道戒缠足与放天足的言论，不过更多是从基督教"天道"观的角度进行宣传，认为上帝造人，完美无缺，缠足有违天理，须放足以回归天意。后又发起"天足会"，并由传教士妻子或女传教士负责宣传放天足。

维新派与西医传教士的不同在于，他们并不满足仅仅在生理上丑化缠足现象，而是更多地把缠足对身体的伤害，视为民族衰弱的表征，从而把

---

①米歇尔·福柯. 规训与惩罚：监狱的诞生 [M]. 刘北成，杨远婴，译. 北京：生活·读书·新知三联书店，2007：29.

戒缠足赋予了民族自救的政治内涵。① 康有为认为缠足不仅对身体有损伤，血气不流，气息污秽，足疾易作，上传身体，或流传子孙，弈世体弱，更会弱身、弱种、弱民、弱国，是皆国民也，羸弱流传，何以为兵乎？试观欧美之人，体直气壮，为其母不裹足，传种易强也。今当举国征兵之世，与万国竞而留此弱种，尤可忧危矣……而令中国两万万女子，世世永永，婴此刖刑；中国四万万人民，世世永永，传此弱种，于保民非策，于仁政大伤"。张之洞也认为中国两万万妇女因缠足而"废为闲民谬民"，只能坐而衣食，缠足使得母气不足，数百年之后，吾华之民，几何不驯致人人为病夫，家家为侏儒，受尽殊方异俗之蹂践鱼肉，而不能与校也。后来，孙中山在《令内务部通饬各省劝禁缠足文》中认为："夫将欲图国力之坚强，必先图国民体力之发达。至缠足一事，残毁肢体，阻淤血脉，害虽加于一人，病实施于子姓，生理所证，岂得云诬？至因缠足之故，动作竭蹶，深居简出，教育莫施，世事罔问，遑能独立谋生、共服世务？以上二者，特其大端，若他弊端，更扑难数……当此除旧布新之际，此等恶俗，尤宜先事革除，以培国本。"② 这无疑表明对女性缠足的考量超越了个人身体，从社会生产、国家兴亡的高度来审视女性的身体价值。

维新派不仅号召戒缠足，更将这种妇女解放运动付诸实践，掀起了轰轰烈烈的戒缠足活动。1895 年，康有为、康广仁等在广州等地成立了"粤中不缠足会"；1897 年，梁启超、谭嗣同等又在上海的《时务报》馆内创立了"不缠足总会"，拟定章程，积极推行；随后，福建、云南等地也纷纷成立了不缠足分会，甚至连不少外国人也热心参与，逐渐使得戒缠足运动在民间引起强烈反响。1898 年，光绪帝下诏"无得裹足"，提倡天足，一时间应者如云。变法失败后，戒缠足运动也被迫偃旗息鼓。1902 年，清政府再次下令劝解缠足上谕："汉人妇女率多缠足，由来已久，有伤造物之和，嗣后缙绅之家，务当婉切劝导，使之家喻户晓，以期渐除积习，断不准官吏胥役，藉词禁令扰累民间。"③ 辛亥革命后，南京政府把废除缠足列为"扫除积弊"的重要工作。

---

①杨念群. 从科学话语到国家控制 [M] //汪民安. 身体的文化政治学. 郑州：河南大学出版社，2004：7.

②中国社科院近代史所. 孙中山全集：第 2 卷 [M]. 北京：中华书局，1982：232.

③朱寿朋. 光绪朝东华录：第四册 [M]. 北京：中华书局，1958：4808.

四川军政府于 1912 年 3 月 7 日由时任民政部部长陈龙颁布禁止妇女缠足文告："妇女缠足，久成恶习，不惟伤残肢体，抑且有碍风俗，在前清时代即已累次告诫。无如人民程度不齐，妇女已经放足者固多，而沿讹踵谬，私行缠裹者，亦所在皆有。方今民国建立，风尚一新，亟应重新申禁，以除痼疾而挽浇风。"并要求各地务将缠足令在城乡市镇广为张贴，咸使周知。但从实际情况来看，这时的戒缠足的整体情况并不理想，而主要被部分女学生和接受新思想的妇女所接受。如 1915 年四川第四区视学黄尚毅在视察剑阁县学校后称："（县立小学）女生放脚已著成效，而校外及各乡校女生尚有未放者，不得不设法分别从本学期试验起，凡缠足女生体操分数不得满六十分，解放者即不得受此限制，并请县知事出示开导促进，以期实行。"① 即除（县立）女子初等小学校女生"全数放足"外，其余各校女生放足尚未见成效。至民国后期，剑阁县广大的农村地区缠足之风仍盛。如1941 年 4 月 30 日，县政府会议记录称："女子缠足早为社会人士不许，无如剑阁县风气闭塞，四相人民昧于习惯，女子仍多缠足。除县府布告禁止外，并责令保甲对于所属居民切实开导，并一面函请司法处查照内政部通案，即处一二以伤害罪，以期放脚，而资警惕。"② 但禁令难行，以致许多妇女因缠足沦为半残废。新中国成立后，自五代以来在中国社会流传了将近千年之久的缠足恶习才彻底废止。

2. 兴女学

戒缠足的运行逻辑也同样反映在当时的兴女学上。梁启超在《变法通议》的"论女学"中认为，天下积贫积弱的根本，"必自妇人不学始"。究原因有四：一是中国妇女因缠足"而废为闲民"，只能坐而衣食，"生之者众，食之者寡"，使得男子一人养数人而贫。如果两万万妇女人人有职业，皆能自养，财货收入倍增，如此民富而国强。二是受"女子无才便是德"思想的影响，天下女子不识一字，不读一书。这样就内不能开拓心胸，外不能"助其生计"。而男子"终日引而置之床第、筐箧之侧"，使之志量局琐，才气消磨。三是妇女于天地万物之间，一无所知，不能对在童年之际的孩子循循善诱，因势利导。即使母亲教育，也止于科举、利禄、

①黄尚毅. 饬剑阁县知事据省视学查报该县学务一案［N］. 四川旬报，1915-11-1.
②四川省剑阁县志编纂委员会. 剑阁县志［M］. 成都：巴蜀书社，1992：886.

产业、子嗣等事，使得孩子长大后"营私趋利，苟且无耻，固陋野蛮"。四是不懂胎教之道。良好的胎教能"自进其种"，使诈变忠、私变公、涣变群、愚变智，从而以"保种""保国""保教"。所以，梁启超认为要想强国必兴女学，"治天下之大本二，曰：正人心，广人才。而二者之本，必自蒙养始；蒙养之本，必自母教始；母教之本，必自妇学始。故妇学实天下存亡强弱之大原也"。

梁启超还区分了两种不同的女学，一种是深居闺阁，足不出户，独学无友的"批风抹月，拈花弄草之学"，另一种则是"讲求实学、以期致用"的格物致知之学。虽然这种兴女学打破了中国封建社会长期以来"女子无才便是德"思想的束缚，使得妇女能独立自主，学习知识，开阔视野。但是，其目的还是强身强种、强国御辱，即对女性身体的工具化使用。同时，梁启超的思想中有一种女人"祸水论"的思想，他把国家衰弱的责任全部推给妇女，甚至连男子"志量局琐，才气消磨"也归咎于女子，这无疑是一种典型的父权制式的话语表征。

在维新派的启发下，一批先知先觉的中国妇女走出家门，投身社会。1898 年 6 月，维新变法开始后，康同薇、李闰、李蕙仙等维新女士在上海创立了中国女学会，这是近代中国第一个妇女社团组织。女学会在维新派的支持下办了两件大事：一是在上海创办成立了中国女学堂，二是创办了中国历史上第一份妇女报纸——《女学报》。女学堂的课程设置仿照西学，注重培养学生的实践能力，同时又涉及中国传统的"经史子集"。《女学报》则以妇女解放为己任，提倡男女平等、兴女学、妇女参政、学习科学、走向世界等。《女学报》的创始人和主笔陈撷芬对妇女解放更深思熟虑，她在《女界之可危》中认为，"我辈数千年为彼奴隶，岂止今日时尚昏然不知，再欲随男子后，而作异族奴隶之奴隶耶"？故妇女的解放不能依靠男性的施舍或赠与权利，女性必须提出自己的观点，独立自主地争取女性的权利。维新变法失败后，女学会、女学堂、《女学报》都相继停办，但其对后来中国妇女解放运动的继续发展产生了深远影响。

1905 年，剑阁县在遵令废除科举后，在城厢创办了第一所女子学堂，名为"淑慎女子小学堂"，以梁淑琼为校长。学堂初期，有四十多名女生纷纷走出家门，进入学堂。在这个偏远的县城，曾轰动一时。它除了具有妇女解放的重要意义之外，也使得女性公开地步入近代体育活动领域，如

当时女学生的体操科，主要以游戏和普通体操为主。1930年5月，四川省政府教育厅批准剑阁县在县城文庙办一所县立初级中学校，同年9月招收男女学生130名，分班授课。在普通的课程设置基础上，女生均增设缝纫课。至1948年，共招收19届学生，26个班，毕业17个班，尚存7个男生班，209人，2个女生班，40人。[1] 当年秋，学校被国民党溃军占据，师生离散。除此之外，1939年，剑阁县专员林维干又新建民教馆于"双剑公园"内，内设民众茶园、公娱俱乐部、阅报室、体育场，还专门设有妇女民教班，培养女性人才。

剑阁县在兴办女学的同时，妇女组织也相继成立。1938年，剑阁县设置了临时妇女会筹备会，随之发起成立县妇女会，经国民党县指委批准，于11月19日在县民教馆召开成立会，有119人参加，选出理事6人，常务理事3人，候补理事5人。大会公推刘蜀琼为常务理事。国民党县指委向妇女会派1名指导员。不久，国民党以妇女会常务理事"不甚明晰"为由停止其活动。1940年11月，恢复妇女会筹备组，接收会员，同年12月再次成立县妇女会，有会员48人。至1945年，其会员达到121人。妇女会设有组织、妇运、交际3股，开展宣传活动，为抗日募捐5000余万元。并组织县城妇女参加识字和"新生活运动"。抗战胜利后，剑阁县妇女会停止了活动。

毋庸置疑，在清末国家危亡的紧要关头，无论是戒缠足，还是兴女学，这种妇女解放运动显然并不是以妇女的身体权益作为最高考量，也不是以美学的标准来重新塑造妇女的身体，而是要给千百年来一直受到轻视的女性身体赋予救亡图存的时代意义，寄希望通过妇女解放运动培育出体格强健、智力超群的母亲，进而为民族、国家生养出素质优良的后代；同时，发挥妇女作为社会劳动生产力的有效作用。"这种试图将两万万妇女的劳动生产力和智识转化成一般国力基础的努力，显然是一个特定历史情景的产物。它不单反映了国际竞争情势在当时对中国所造成的巨大压力，也表明父权向国权低头的过程。在西方，父权的低落主要来自于资本主义的发展和挑战，在中国则源于国家主义的抬头和亡国的迫切压力。这种功

---

①四川省剑阁县志编纂委员会. 剑阁县志 [M]. 成都：巴蜀书社，1992：752.

利化的身体发展策略，无疑不能算作是对妇女身体的真正解放"。① 或者可以说，以戒缠足和兴女学为代表的妇女解放运动虽然将妇女的身体从传统家庭的束缚下解放出来，却又给它套上了强种以强国的时代使命和国家权力的重任。妇女所承担的社会角色从人口繁衍、生产工具到救亡图存的历史变迁，所反映的实质乃是父权制对女性的驱使，并根据时代的不同而运用不同的身体开发策略。这无疑是十足的身体政治学。

三、重视体育：强身以救国

近代以来，中国要实现民族的富强，不仅需要在教育上"培育新民"，更需要在体育上训练出体格健壮的国民，以摆脱"东亚病夫"的屈辱。这就使得近代体育不仅具有娱乐健身的功能，而更多地承载了强身、强种、强国的历史使命。或者说，近代中国的体育，在国家危亡之际，在"弱肉强食""优胜劣汰"的社会进化论影响下，已经成为国人塑造身体从而实现救民、救国的手段之一。

严复认为，救国必先新民，新民必先重视体育，即"鼓民力"。他认为人的身体健康和精神健康同等重要，"形神相资，志气相动"。只有国民有了强健的体魄，国家才有兴盛的可能。如古希腊、罗马就十分注重体育，柏拉图在其创办的学院中就有练身院。近代的欧美诸国、日本等更是如此，为的是"母健而后儿肥，培其先天而种乃进也"。中国古代身心一体时，儒家教育要求学生掌握的六种基本才能即"六艺"：礼、乐、射、御、书、数中的"射"就是一种体育活动。"故庠序校塾不忘武事，壶勺之仪，射御之教，凡所以练民筋骸，鼓民血气者也。而孔孟二子皆有魁杰之姿。"② 但后来这种身心一体逐渐演变为以心控身，甚至是身心二元，导致人们逐渐注重精神而排斥身体。尤其是缠足和吸食鸦片严重戕害了国人的身体，使得四万万中国人或步履蹒跚，弱不禁风，或面黄肌瘦，形容枯槁。故必须重视体育，救身救民以救国。

---

①黄金麟. 历史、身体、国家：近代中国的身体形成（1895—1937）［M］. 北京：新星出版社，2006：40-41.

②牛仰山. 严复文选［M］. 天津：百花文艺出版社，2006：26.

受严复的影响，近代著名教育家张伯苓更是注重体育，被誉为"中国注重体育之第一人"。他认为强国必先强种，强种必先强身。国人身体孱弱，因以不重视体育为主要原因。他认为体育是教育之骨干，而我国德智体三育中，所最缺者正是体育。所以，张伯苓在办私塾时，就在英语、算术、物理、化学之外，增设体育或其他户外活动方式，如踢足球、骑自行车、练哑铃等，并认为不懂体育的人，不应该做学校的校长。而且，在亲手创办的南开学校中，张伯苓制定的五项训练方针之首就是"重视体育"（其余四项为"提倡科学""团体组织""道德训练""培养救国力量"）。这当然可以看成是当时的中国知识分子在对"改造人作为改造一切的基础"达成普遍共识后，认识到对人的改造，首先应是对人的身体的改造。同时，这也明显受到当时流行于西方，并经严复译介而传入中国的社会达尔文主义的影响。

新文化运动的主将陈独秀1915年10月15日在《新青年》（当时称《青年杂志》）上发表的《今日之教育方针》一文中也认为："余每见吾国曾受教育之青年，手无缚鸡之力，心无一夫之雄；白面纤腰，妩媚若处子；畏寒怯热，柔弱若病夫；以如此心身薄弱之国民，将何以任重而知远乎?"所以，陈独秀信奉日本学者福泽谕吉的观点：十岁以前的教育当用"兽性主义"，十岁之后才用"人性主义"。从"兽性主义"教育中学会"意志顽狠、善斗不屈、体魄强健、力抗自然"，以此锻炼的壮实的身体正是西方殖民和日本称霸亚洲的原因之一。故陈独秀认为教育应以德育最重，体育次之，智育最末。他要求学生要重视体育、劳育，因为体育不仅能锻炼强健的体魄，更能磨炼意志、陶冶情操，发展敏锐的感官能力和迅速的反应能力。早年的毛泽东也在1917年的《新青年》上发表《体育之研究》一文，认为"国力苶弱，武风不振，民族之体质，日趋轻细……非第强筋骨也，又足以增知识。近人有言曰：文明其精神，野蛮其体魄。此言是也"。

清末剑阁县的体育活动，也打上了时代的烙印。传统的练习拳术、纵马骑射等"身体运动"逐渐式微，而日本、欧美等国的体育活动逐渐受到青睐。据资料记载，1901年，慈禧太后令改书院为学堂后，日本体操传入剑阁县。根据清朝学部公布的《奏定学堂章程》，并受成都学堂的影响，剑阁县学堂也开始了体操科。教以有益身体的运动游戏和普通体操。当时由于学生年龄较大，体操科也教练兵式体操，当地人俗称"下洋操"，即东洋日本体操。五四运动以后，随着欧风美雨的熏染，西方的跑跳田径项目和单杠、木马等器械体操项目传入剑阁县学校，深受师生欢迎，兵式体操受到冲击。1922年，北洋政府教育部公布"新学制度止兵操，改体操科为体育课"。至此，占剑阁县体育主导地位十余年的兵式体操为现代体育项目所代替。同年，四川省中等学校校长会议《各校应注重体育案》强调，"学校是体育基地，学生是体育对象，学校要大力开展体育活动"，体育在学校教学中的位置更为明确。1927年，在县知事王昌蔚的倡导下，在城南荣家桥建立公共体育场，并建阅台，取名"苗亭"。同年秋，举行剑阁县首次小学生观摩运动会，县立高小、模范小学、女子小学及元山、开封、武连、白龙、金仙等小学均派出运动队参加。比赛项目有徒手体操（队列、团体操）、器械体操（木制刀枪）、舞蹈（哑铃舞、手巾舞）、赛跑、竞走等。运动员800余人。运动会后，全县各地入学人数大增，各校纷纷开辟体育场地，体育活动更为活跃，大开社会新风。1930年，在新办的"剑阁县立初级中学校"内，学校开辟了剑阁县第一个篮球场。1937年，县政府奉令成立剑阁县体育筹备委员会，县长兼任主任，体育工作划入民众教育馆。两年后，民国政府颁布《国民体育法》，定每年九月九日为体育节，剑阁县在随后十年举办了五次县小学生运动会。1940年秋，剑阁县体育委员会成立，由县教育科、县国民党部、县三青团部、县工会、县民众教育馆及部分学校的负责人组成，仍由县长兼任主任，在民众教育馆设专职干事一人，工友一人，在双剑公园辟运动场。这表明对国民的体格训练和身体规训走上了制度化的轨道。

值得注意的是，在当时，面对现代体育项目的巨大冲击，中国传统的身体训练项目如武术等仍然表现出顽强的生命力。1931年前后，四川境内由于军阀混战、政局紊乱，兵患匪患四起，人人自危，需强身以自保，原本清末以来受到冲击的武术又逐渐回升。剑阁县也办起了国术馆，馆址设在县城西街禹王宫，馆长由县长兼任，经费由县财政局支付，有学员30余人，馆内练一些武术套路，当时在县内震动不小。同时，在当时的学校体育中，无论是日本兵式体操占主导地位的十余年还是在以后现代体育项目传入并发展的岁月里，武术仍占有很大的比重。当地教会流传一句话，"大学生学打拳，小学生滚铁环，女学生跳舞又踢毽，只有学堂闹喧天"

就是很好的说明。

可见，在清末民国时期，在国民身体训练的体育项目中，中国传统的武术、日本的体操、欧美的现代体育运动是并存的。但它们在这个特殊的历史时期，承载的不仅仅是简单的锻炼娱乐的功能，而更多的是提高国民的身体素质，以强身强国的历史使命。诚如汪民安所说："身体在民族国家的政治经济目标内，既是为了生成，也是为了同他国竞技；既是为了提高效率，也是为了提高民族的身体质量；既是国家强化自身目标的一部分，也是抵御外来侮辱的基本技术要求。国家理性实践的宗旨和目的就是身体。现代国家，它的最大使命就是要保护身体、完善身体和强化身体。因此，身体既是对象，又是手段；既是目的，又是方法；国家政治经济活动深陷于目的论的陷阱中。"[1] 近代中国把身体纳入体育这个社会场域中，用它独特的手段和技术规范身体、训练身体、强化身体、控制身体，从而实现民族、国家救亡图存的政治目的，这显然是一种身体政治学。

第三节
战争中的身体征用

在清末民国时期，对身体的建构不仅体现在前面所说的育新民、戒缠足、兴女学、办体育等方面，更体现在硝烟弥漫的战争方面。因为自进入20世纪以来，中国社会就刀兵四起、战乱连绵。那么，围绕战争这个中心，无论是学校教育对学生的军事化训练，或是国家危亡时号召国人"杀身成仁""舍生取义"，或为国家之前途命运而进行的艰苦卓绝的斗争，其间所表露出来的对身体的组织、动员、规范、训练和使用，无疑都是分析近代社会身体建构的素材。

一、军国民教育与军事训练

据《县文史资料》第 23 辑《文化体育史料专辑》记载：

---

①汪民安. 身体、空间与后现代性 [M]. 南京：江苏人民出版社，2005：33.

1940 年，全县中小学奉令推行"国民教育"。剑师乡师部实施军事训练，学生编为班、排、连，统一着装，实行军事化管理，开展队列操练、瞄准打靶、野外演习等军体科目训练。剑师简师部、县初中及各高小实施童子军管理，学生编为小队、中队，手执童军棍，开设童军课，学习内容有纪律、操练、侦察、救护、露营等军体项目。在学校里，军事体育活动被强调被突出的局面，持续了十年，直至解放前夕。

这里所说的"国民教育"，是 1939 年国民政府正式颁布《县各级组织纲要》，实行"新县制"后产生的。1940 年和 1944 年，教育部根据纲要有关教育方面的规定，制定并公布了《国民教育实施纲要》和《国民学校法》，正式推行"政教合一""管教养卫合一""儿童教育和失学民众补习教育合一"的国民教育制度。具体是在乡（镇）设中心学校，保设国民学校，中心学校和国民学校内部都分小学部和民众教育部两部分，从而把儿童的初小教育和成年民众的扫盲补习教育统一于乡（镇）的中心学校、保国民学校中。当时的国民教育以三民主义为中心，宣扬"四维"（礼、仪、廉、耻）、"八德"（忠、孝、仁、爱、信、义、和、平），重视通过教育提高国民素质，改造国民性。至 1941 年，剑阁县全境有中心学校 17 所，保国民学校 200 所。

这种学校的军事化训练，最早可追溯到我国古代教育的"礼、乐、射、御、书、数"等六艺。当时是文武合一，德术兼修，如《礼记·文王世子》中的"春夏学干戈，秋冬学羽龠"。自汉"罢黜百家，表彰六经"之后，中国历朝多实行重文轻武的文教政策。偃武修文，学校军训基本被废止。积渐既久，民气消沉，民体孱弱，以致病身弱国。清末以来，一些有识之士奋力疾呼军国民教育，即学校在文化教育的同时实行军事训练，以培养学生的军事技能和尚武精神。梁启超在《新民说·论尚武》中认为斯巴达人、德意志人、俄罗斯人和日本人持尚武精神或"屹立地球"，或"驰骋中原"。而中国无"尚武之国民、铁血之主义"，必不能在竞争激烈的世界舞台自立。并主张从心力、胆力、体力三力入手，培养国民的尚武精神，以"怯文弱、振国势、扬国威"。军国民运动由 1902 年蔡锷在《新民丛报》发表的《军国民篇》正式发起，随后引起蒋百里、蔡元培、杨度等人的热烈回应，风靡一时。认为"凡社会上一切之组织，皆当以军事的

法律布置之；凡国防上一切之机关，皆当以军事的眼光建设之；社会之精神之风俗之习惯，皆当以军人之精神贯注之"。1906 年，清政府在颁布的教育要旨中加入了"尚武"的内容（其余为忠君、尊孔、尚公、尚实）。民国政府的首任教育总长蔡元培也倡导军国民教育，认为"邻强交逼，亟图自卫，而历年丧失之国权，非凭借武力，势难恢复"。但第一次世界大战之后，教育界不少人认为战争的结束是"公理战胜强权""民治主义打败军国主义"的结果。如 1919 年，民国颁布的教育新宗旨已经变成"养成健全人格，发展共和精神"。军国民教育和军事训练在中国逐渐式微。

1928 年发生的"五卅惨案"引起举国激愤，军国民教育再度在中国引发广泛的关注。当时国民政府大学院正在南京召开第一次全国教育会议，闻讯惨案后无不痛心疾首。"遂一致决议通令全国大学，及各省市教育行政机关，在专科以上学校加授军事学科，每周至少三次，以两年为限。中等以下学校，一律注重体育，每周亦至少三次，至毕业为止。同时军事委员会根据大会决议拟定《高中以上学校军事教育方案》，连同《学术科教育要目》及《军事教育程度表》提经大会合并讨论、修正、通过。高中以上学校学生，应以军事科为必修。由大学院请训练总监部派遣正式陆军学校毕业学生为教官。各校受军训之学生，每年暑假，应集中连续受三星期以上之严格训练。从此学校军事教育，遂见实施。"① 无疑，此时要雪耻救国，尚武是一条快速、便捷之路。青年学生是民族、国家的基础，所以必须在学校实行军事训练，使学生文武双全，保家卫国。

1929 年，大学院改称教育部，规定各校军事科每学年为三学分，两学年共六学分。连同整个军事教育方案，通令全国高中以上学校遵办。于是军事训练遂在学校教育中占据重要地位。1933 年，国民政府下令，凡高中以上学生军训不合格者，不得报考大学。1934 年，教育部会同训练总监部，对军训中的平时训练、集中训练、教学科目、教学时数、野外演练、医务看护、教官任用、服装设备等，均作了明确规定。后又陆续颁布了《高中以上学校军事教育奖惩规则》《高中以上学校学生军训管理办法》，

基层社会现代性发展中的身体建构

身体与秩序

---

①成都体育学院体育史研究所. 中国近代体育史资料［M］. 成都：四川教育出版社，1988：187.

内容分总则、组织、服装、请假、外出、教室规则、食堂规则、操场规则、野外规则、值日勤务、风纪卫兵、诊断规则及附件等十四章，共九十八条。学校军训步入规律化阶段。[①]

当1937年抗日战争爆发后，中华民族处于亡国灭种的边缘，对学生的军事训练也更加紧迫和必要。1937年12月6日重庆的《国民公报》刊载了统制委员会拟定的"加紧战时学生军训的七项办法"：

一、军事科目，以适应战时需要为宜。二、实行部勤式管理法，严整军纪风。三、大学生训练，重在参谋指挥战斗；高初中学生训练，重在指挥战斗、搜索、警戒；小学生训练，重在救护、通讯、侦探，以应需要。四、每周举行急足旅行一次，逐渐增长距离，养成行军经验及忍苦耐劳习惯。五、校中设置射击瞄准等设备，期满举行实弹射击。六、每周至少作土木工作一次。七、游戏时间，多作徒手国术及器械国术之练习。[②]

军国民教育和学生的军事化训练，无疑存在一个功利化考量。当时中国正面临社会达尔文主义所描述的"弱肉强食""适者生存"的现实压力。无论是知识分子还是国家权力，都希望通过军训给学生传授军事知识和军事技能，在养成强健体格的同时培养其纪律性、服从性和爱国心。或者说，在民族生死存亡之际，在教育这个独特的场域中，国家权力通过军事化训练对民众身体进一步组织、训练和利用。使国民在学校中锻炼心智，养成纪律、服从、负责任、吃苦、耐劳等观念，提高国民尚武爱国、献身殉国之精神，以增强国防能力，抵御外侮。

当然，这种军国民教育和军事训练，不仅是针对学校学生的，也是针对普通民众的。如当时就读于剑阁县所在的第十四区农林实验学校的徐之达，他在1939年7月毕业后即被分配至剑阁县元山区组训民众，担任第6保的训练员。当时全县的组织机构是：县设工作团，县长兼团长，省派人任副团长，各区设工作队，联保处设工作组，以保为单位进行具体训练。各级均设有办公室指导训练，各室均挂有"民族至上""国家至上""胜利第一""军事第一"的大幅标语，从而激励广大群众的爱国热情，组织

---

①成都体育学院体育史研究所. 中国近代体育史资料 [M]. 成都：四川教育出版社，1988：187.

②成都体育学院体育史研究所. 中国近代体育史资料 [M]. 成都：四川教育出版社，1988：192.

他们积极地投入抗日救亡的洪流中去。当时元山区第6保共有130户400余人，编入军事训练者140人。各队的编组科目、日程、教材均由工作组统一印发，并每周汇报一次情况。除儿童团没有组成外，其余运输队、救护队、工程队由男性组成；宣传队、通讯队由女性组成；侦查队由男女混合组成。所有人员均须造册上报，每日三操两讲。具体时间安排为：当天六点半由训练员集合点名后交保长带领出早操；八点早餐；九点至十一点课堂讲授政治、时事；十一点至十二点操场训练；午后二点至四点课堂讲组织团结或其他；四点半至五点半操场练习；六点半后各自回家。后为增加组训效果，将课堂讲授的主体与适当的歌曲组合起来，边唱边解释，如《流亡三部曲》《上起刺刀来》《游击队》《慰劳伤兵歌》《同学们大家起来》等。

军国民教育和军事训练，并不是中国传统儒家身体论述的简单再版，它的出现深刻反映了时代、历史的发展变化对知识生产的刺激，国家权力的运用和个人身体在其间经历的责任与变化。个人身体以前只是传宗接代、社会生产的议题，如今却和民族、国家的前途命运紧密地联系在一起。[①] 虽然这种对身体的规训和建构获得了全国绝大部分民众的认同，但长期实行也并非没有异议产生。如抗战胜利后，国民党规定四川省高中毕业生仍然须接受一年军训时，重庆市反对军训的同学，组织成立委员会，刊布油印"告各校同学书"并分别寄发。其中，列举了反对继续军训的七大理由，刊登于1946年5月29日的《国民公报》：

一、和平时期不需要军训；二、建国需人，储才在即，集训徒作人力之浪费；三、集训在目前是无理的浪费国家财力；四、军训已一受再受，如此将受到丧失升学之机会；五、四川不容特殊化；六、集训之利益绝不高于科学之倡导；七、从集训之过去看将来。[②]

由此，再次印证了当时中国社会推行军事训练有着十分功利化的现实考量。当国家面临生死存亡的压力时，军事训练获得民众的认同。而一旦这种亡国灭种的外部压力稍稍缓解或短期内不会直接呈现时，或对身体的

①黄金麟. 历史、身体、国家：近代中国的身体形成（1895—1937）[M]. 北京：新星出版社，2006：49.

②成都体育学院体育史研究所. 中国近代体育史资料 [M]. 成都：四川教育出版社，1988：192.

国家需求与个人切身利益发生纠葛时，军事训练这种身体的规训方式就会弱化在民众心目中的合法性地位，其认可度不可避免地降低，甚至是受到抵触。这和前面论及的第一次世界大战后军国民教育在中国的式微如出一辙。

二、保甲重建与"抓壮丁"

近代以来，中国社会连绵不绝的战乱和动荡不安的环境，使得国家必须采取一种更为有效的措施来加强对社会的整合与控制，以最大限度地获取社会资源维持战争和延续统治。其中，国民政府的保甲重建和抓壮丁能较好地说明在战争条件下国家权力、保甲制度和个人身体之间的复杂关系。抗日战争爆发以后，中华民族面临深重的灾难。国民政府为全面动员、整合和使用全社会的力量进行抗战，其中重要的一点就是重建保甲制度，加强国家对基层社会的控制。

（一）保甲重建

民国初期，由于受西方政治观念的影响，孙中山倡导"民族""民权""民生"，废弃传统的保甲制度，在地方实行自治。蒋介石执政后，情况有所变化。"1928 年后，国民政府制定法律和政策，力图使所有乡村社会与政府之间保持明确的隶属关系。而且，作为孙中山思想的'继承人'，他们不得不举起'自治'这块招牌，而实际上自治团体并无权力。以后，国民政府采取了陕西军阀阎锡山的'村治'模式，这实际上是一种被扭曲了的'自治'。"① 国民政府于 1931 年、1934 年和 1946 年颁布和修订了《户籍法》及其实施细节，加强对人口的统计和管理。这一方面是为了加强对基层社会的控制，配合"剿共"需要；另一方面则是为了征收赋税，征调兵源，使战争得以维系。国民政府又于 1932 年颁布《剿匪区内各县编查保甲户口条例》，在鄂豫皖三省红军革命根据地重建保甲制度。规定 10 户为甲，10 甲为保，10 保以上为乡镇，联保连坐。即每甲之内至少五户联合写出联保连坐文书，互相监督，互相揭发，如有人"为匪""通匪""纵匪"，他户应立即举报，倘若徇私隐匿，则联保各户共同治罪。1937 年

---

① 杜赞奇. 文化、权力与国家：1900—1942 年的华北农村 [M]. 王福明，译. 南京：江苏人民出版社，1996：56.

由国民政府行政院公布修订的《保甲条例》，使得保甲制度在全国普遍实施。

这种保甲制度源于宋神宗时期王安石变法中的"保甲法"。"及诏畿内之民十家为一保，选主户有干力者一人为保长。五十家为一大保，选一人为大保长。十大保为一都保，选为众所服者为都保正，又以一人为之副。应主客户两丁以上，选一人为保丁。附保。两丁以上有余丁而壮勇者亦附之。内家赀最厚、材勇过人者亦充保丁，兵器非禁者听习。每一大保夜轮五人警盗。凡告捕所获，以赏格从事。同保犯强盗、杀人、放火、强奸、略人、传习妖教、造畜蛊毒，知而不告，依律伍保法。"（《宋史》）在熙宁六年全国实行时，又调整为五户一保，五小保为一大保，十大保为一都保。这种保甲制度不仅便于清查户口，核实户籍，也维护了基层的社会治安，而且寓兵于民，兵民一体，增强了人民的体魄，使之平时能自保，战时能保国。保甲制度对后世产生了深远的影响，乃至到了民国时期依然沿用。但也使得国家权力以连坐、互保的名义渗透并牢牢控制了乡村社会与每一个个体。

据《剑阁县志》显示，剑阁县的人口管理，自唐代中期始有记载。《元和郡县图志》中有：开元间，剑州八县下设二十五乡，元和间设八十五乡。据《县志》记载，宋太平兴国前后，剑州分为7县，下设74乡，后合为60乡。熙宁间，县下设乡镇，剑州六县设53乡，17镇。其中普安县置9乡，临津、永安2镇；梓潼县置4乡，亮山、稷连、龙池、上亭4镇；阴平县置7乡，全门、百顷、长坪3镇；武连县置5乡，柳池、长江（开封）2镇；普成县置8乡，丰饶、马迎、长兴、茚城、香城（香沉）5镇；剑门县置20乡，丰盛1镇和小剑、白绵、巴砍、粮谷、龙聚、托溪6寨。后王安石变法后，改行保甲制度，按户编保，改乡为都保，镇名不变。明朝初期，剑州编设3里，110户为1里，里以下10户为1甲。

清初顺治、康熙年间，招募移民及逃亡人员，减少赋税，鼓励开垦，发展农业，人口逐渐增加。并规定不论原籍别籍，一律编入保甲，永籍居住；滋生人丁永不加赋；对入川移民准其子弟在川一体参加科考；官府发给穷民口粮、耕牛；无主荒地，发给执照，开垦后归其所有；对地方官员招民劝垦实施考核，以成效定其升迁。清雍正时期，又推行保甲制度。剑州下置普成、剑门、广义3乡，每乡设4甲。同治十一年（公元1872年）

基层社会现代性发展中的身体建构

身体与秩序

改为 13 保，为普安、云平、体仁、剑义、广安、泰和、隆礼、讲信、剑安、广诚、修睦、明德、普合。宣统二年，开始推行地方自治。剑州设 1 城（城厢治普安）、2 镇（诚睦镇辖广诚、修睦 2 保；讲信镇辖讲信、剑安 2 保）、4 乡（礼合乡辖隆礼、泰和 2 保；安仁乡辖文安、剑义 2 保；安平乡辖体仁、云平 2 保；德合乡辖明德、普合 2 保）。[①]

剑阁县于 1913 年改州为县，1914 年废城、镇、乡，县下改原 13 保为 14 个团。后改团为区，全县共设 16 个区。1935 年，又将 16 个区整理合并为 6 个区署，区下设 40 联保，联保下共设 364 保。1936 年，调整区划，缩编联保，全县设 4 区，26 联保，255 保，2638 甲。抗日战争爆发后，国民政府在全国推行新县制。试图将保甲融入地方自治，健全基层组织，以强有力的保甲组织来推动地方自治。1940 年 3 月，剑阁县开始实施新县制。由三等县升格为二等县，改组县政府机构，设秘书、警佐、合作、会统四室，民政、财政、教建、军事四科和征收处，设新生活运动、仓储管理、动员、战时工作、防空、赈济等委员会，合并兵役协会、抗敌后援会、物价评定和优待委员会。县下设 1 个指导区，3 个区署，建立 7 镇 10 乡，141 保，1931 甲。后几经调整，到 1949 年为止，剑阁县全境有 207 保，2494 甲。[②]

应该看到，此时的保甲制度以家、户为基础，迎合了中国社会传统文化中注重家庭、伦理本位的特性。同时，保甲制度实行"管、教、养、卫"并重的原则，即它承担了管理、教育、经济和军事等四个方面的功能，把"自治"与"自卫"融为一体。所以，保甲制度在规范户籍管理，控制流动人口，进行社会动员，征收赋役，增强国防实力，加大对基层社会的监视与控制，促进经济发展，维护社会稳定等方面都有一定的积极作用。但是，此时的保甲制度更多的是一种军事化的规训制度和技术，它破坏了传统乡土社会"自治"的意愿，尤其是其中的"联保连坐"继承和放大了传统保甲制度中的连坐之法，强化了对人的规训和约束，违背了人道主义精神，并具有强烈的功利色彩。而在实施保甲制度的具体过程中，基层的保长、甲长等借此徇私舞弊、贪赃枉法、鱼肉百姓，民众不堪重负，

---

①四川省剑阁县志编纂委员会. 剑阁县志 ［M］. 成都：巴蜀书社，1992：138.

②四川省剑阁县志编纂委员会. 剑阁县志 ［M］. 成都：巴蜀书社，1992：139-142.

苦不堪言，反而造成了社会矛盾的激化。

按照吉登斯在《民族—国家与暴力》中的阐述，这种保甲制度的重建无疑是现代社会中民族—国家的权力不断向地方社会进行扩展和渗透的过程。杜赞奇则认为这是清末以来"国家政权现代化建设"进程的延续，或20世纪前半期国家权力对乡村社会的"竭尽全力"的扩张。但在参考这些社会发展理论的同时，我们必须考虑到中国社会独特的历史特性和社会制度不断的发展、变迁，保甲制度作为社会规训的主要制度一直都带有国家权力或轻或重的印迹。尤其是到了清末民国时期，源于亡国灭种的现实压力，国家权力结合现代性因素加强了对人的规训和基层社会的控制，以实现救亡图存的功利化考量。

（二）"抓壮丁"与抗争

抗战时期，由于战况激烈，部队损失巨大，兵源的补充就显得十分重要。当然有不少人自愿入伍抗日，或按照正规渠道参军，但由于国民政府自身征兵制度的不完善，宣传动员上的不足，以及征兵制在基层依靠的是在具体运作中存在营私舞弊等问题的保甲组织，使得在国统区许多地方大量存在"抓壮丁"的现象。很多壮丁是被强迫、陷害、欺骗入伍的。四川作为抗战的"大后方"和民族复兴的"根据地"，当然也承受着巨大的兵役之苦。1937年抗日战争爆发后，剑阁县开始实行征兵制，按照《中华民国兵役法》的规定大量征兵。规定：男子18岁到45岁为服役期，服役分为常备兵役和国民兵役两种，在不服常备兵役时服国民兵役，常备兵役又分为现役、正役和续役三种。平时征集检定合格年满20岁到25的男子在营服役3年为现役，期满后转为正役，6年期满后，转为续役，至年满40岁，转为国民兵役，满45岁退役。[①] 1938年，规定年满18岁至35岁男性壮丁，体检合格者，均应征集，按"三丁抽一，五丁抽二"的办法征兵。独自和公立初级中学及以上学校在校学生缓役；被选为国家或地方公务人员、代表者，在任期内停役；身体畸形、残疾及有特别置业者免役；被判无期徒刑者，禁役。后又补充规定，壮丁以抽签方式决定，称为"抽壮丁"，中签壮丁交纳现金200元，可缓期一年服役。

据《剑阁县志》记载：1937年5月3日，县城城乡及机关、学校广泛

① 高锐. 中国军事史略 [M]. 北京：军事科学出版社，1992：417.

开展"雪耻报国，扩大兵役"宣传活动，举行集会游行，张贴"好铁要打钉，好男要当兵"等标语，历时7天。11月28日，剑阁县成立动员委员会，随即开展"唤醒民众、抗战建国"的宣传活动。是年冬，剑阁县第1批壮丁602名出征抗日，次年又送第二批1944名壮丁到抗日前线。金仙乡人袁宗龄在41军124师服役，任1营副营长兼2连连长，于1938年3月17日在山东藤县牺牲。5月，县城人民得悉，集会悼念。1939年4月，县府印发《国民抗敌公约》，县城和各联保举行抗敌宣誓大会。县动员委员会成立征募大队，开展征募工作。7月7日，县城各界在公元坝举行抗战二周年纪念会及抗日烈士袁宗龄墓碑落成典礼。县人敬送挽联称："战藤城不顾一身忠魂永在；树石碣以留千古伟烈长存。"①

当时，剑阁县全县壮丁登记结果为：18岁至35的壮丁18776人，36岁至45岁的壮丁11447人，五子户712户，三子户2021户。缓役、禁役、免役6617人。一般而言，整个壮丁征集过程分登记、抽签、转送等步骤。首先，由地方保长、甲长将适龄壮丁的姓名、籍贯、住地、教育程度、体格等登记造册，报送乡镇再送县府兵役管理部门，作为分配抽签征兵名额的依据。其次，由各乡保准备2寸见方纸片，写上应征壮丁号数，放在签筒内，在乡公所或保办事处，集中适龄壮丁当场抽签，称为"拈阄"。再次，中签壮丁宣誓按时入营，不潜逃，并由保长、甲长集中送到乡公所，再转送到县新兵营。各乡、保在交送壮丁时恐其逃跑，均用绳子将壮丁双手反绑，少则四五人，多则十多人连绑成串，如同押送犯人一般。

拈阄抽壮丁实行不到一年，乡保甲舞弊日趋严重，逃逸者甚众。于是拈阄法流于形式，乡保甲便采取估派壮丁的方法，有权势者派不上，贫苦者常被估派，逐渐遭到民众的抵制。为完成征兵任务，乡保甲便强拉壮丁，民间称之为"拉壮丁"或"抓壮丁"。抗战结束后，国民政府继续加紧征兵。全县1948年征兵1076人，1949年初预征145人，上半年又紧急征兵444人。②当然，在整个国家面临生死存亡的紧急关头，国家权力透过其代理人，尤其是基层的乡保甲人员，进行社会动员，征调大量的壮丁补充兵源，无疑是国家延续的必要举措，也是民众的身体仍然被强大的国

---

① 四川省剑阁县志编纂委员会. 剑阁县志［M］. 成都：巴蜀书社，1992：66-67.
② 四川省剑阁县志编纂委员会. 剑阁县志［M］. 成都：巴蜀书社，1992：278.

家权力所规训的过程。而这一过程，无疑和清末以来在救亡图存的现实压力下身体功利化的使用是一脉相承的。但这种对民众身体功利化的大规模使用，一方面是吉登斯所谓的现代的民族—国家的权力不断向地方社会渗透和扩展、破坏了各地原有的"地方性知识"；另一方面则是保甲制度的重建，使得原来在国家和地方社会之间充当中介并自发地组织起来保护地方社会利益的领袖，被国家任命的掠夺式的基层官僚所代替，即杜赞奇所谓的传统的"保护型经纪"（protective brokerage）被"赢利型经纪"（entrepreneurial brokerage）所取代。① 这种基层官僚以保甲人员为代表，他们逐渐脱离了地方社会的传统"权力的文化网络"，依靠国家权力赋予的法理权威巧取豪夺，敲诈勒索，使得民众苦不堪言。

如剑阁县在整个抽壮丁和抓壮丁的过程中，不顾国民政府"三丁抽一，五丁抽二，独子、行商客旅免征"的规定，拟定了《剑阁县特殊手段征兵五条办法》：（1）外来商贾者征送；（2）以女承嗣、抱子者征送；（3）独子无产无依，与人佣工者征送；（4）市井无赖流氓及无一定职业者征送；（5）自行参加机关杂牌佣役者征送。乡保甲人员也借机营私舞弊、中饱私囊。（1）贿买壮丁。即应征壮丁之家向乡保甲人行贿赂，保甲便以各种借口缓征、免征或另抽、另抓贫家子弟顶替。（2）借征敲诈、勒索钱财。有些保长借故强拉不属应征壮丁，甚至免征对象，明敲暗勒钱物。（3）欺压贫民，纵放富绅。其时征民原则有平等、平均、平允等"三平"，即不论贫富、阶级均应服役。但又规定交二百大洋者可缓征。使得富绅之家勾结乡保办了缓役、免役证件，贫苦家庭缺钱则难以缓免。（4）估拉壮丁，乱抓壮丁。乡保甲贿卖壮丁后，壮丁数额不足，就估拉强抓充数以完成任务。甚至强迫赤贫、无业游民、乞丐、抬挑苦力、过路商贩、流浪者等入伍。（5）贩卖壮丁。在1938年到1946年之间，县内有以专卖壮丁为业的兵贩子。即应征者给兵贩子行贿，兵贩子便冒名应征，入伍之后，几个月或半年，钱花光后便乘机逃跑。然后换上衣服，又以卖壮丁赚钱。

当然，在面对这种强制的身体规训时，民众并不是纯粹地顺应与服从，很多人也采取不同的策略来不断抗拒。当时，剑阁县境内常见的有躲

---

①杜赞奇. 文化、权力与国家：1900—1942年的华北农村［M］. 王福明，译. 南京：江苏人民出版社，1996：37.

避、逃跑、自残身体、与抓壮丁者公开对抗等方式。

（1）躲壮丁。一般青壮丁多采取躲壮丁的办法，有的白天不敢出门，晚上露宿山野；有的远走他乡，入赘外地人家为子；有的入富绅或有权势之家当长工，以期躲避兵役。即使被拉入伍者，也千方百计地逃跑。民国政府对于"漏丁""逃丁"则实行严厉镇压，"漏丁"者判三至七年，"逃丁"者抓住即被处死。即便如此，逃丁者依然众多。剑阁县又按照国民政府处理逃兵条例，举行处理逃丁运动周，策动工商农户不得雇佣逃丁，妇女不得同逃丁结婚，家庭不得与逃丁通信，还在有逃丁的家庭大门上悬挂侮辱性标语等，但逃丁仍不能禁绝。（2）自残身体。有的青壮丁用锄头、菜刀或斧子砍断自己的手指、刺瞎眼睛，造成残疾，以免被抓。也有请医生用毒针刺入指骨，中毒轻者成为残疾，重者沦为废人。（3）公开抗丁。如剑阁县白龙乡杨村6保壮丁王明信与前来抓壮丁的甲长、警丁近身相搏，使得甲长、警丁仓皇逃走。这种公开抗丁之举，到1947年之后发生的更多，甚至有族人团结一致，打死保长，以泄被抓壮丁之愤。

这也说明在战争时期，"客观的生存危机"和"主观的政治宣称"，如何造就了"合理性暴虐"（the tyranny of the legitimacy）。国家权力通过动员、游说、命令、强制、保甲等措施来组织、训练、操控民众的身体，激发他们的热情使其积极地投身到国家政权的保卫与建设中去。但民众却并不是被动的承受者，他们在实际生活场域和社会实践中主动地采取各种策略，来表达他们对这种规训的投入、接受、妥协、屈服和逃避。当然，这也就显示出他们对规训权力的顺应或抗拒。

第四节
"新生活运动"中的身体改造

现代性进程中国家力量对身体的规训和建构，不只是出现在国家理念、战争与革命中，也出现在日常生活世界中。如当时国民政府倡导的新生活运动，体现了现代性和规训权力对身体的影响。当然，从更广阔的范围来看，这也是自清末以来伴随着现代性因素的传入和面对民族国家危亡局势时的应对之策，即通过改造身体、改造人以实现救亡图存策略的一种继续。

日常生活就是与个体生活直接相关的领域。匈牙利著名的社会学家阿格妮丝·赫勒（Agnes Heller）认为日常生活是那些同时使社会再生产成为可能的个体再生产要素的集合，而个体再生产一方面不断生产出个人自身，另一方面构成社会再生产的基础。① 在社会学里，齐美尔最早关注到日常生活，他认为"现代性的本质是心理主义，即根据我们内在生活（实际上是作为一个内在世界）的反应来体验和解释这个世界"。所以，齐美尔从大都市生活、货币、服装、时尚、冒险、旅游等日常生活现象来分析其中所蕴含的现代性。吉登斯则认为："'日常'这个词所涵括的，恰恰是社会生活经由时空延展时所具有的例行化特征。各种活动日复一日地以相同方式进行，它所体现出的单调重复的特点，正是社会生活循环往复特征的实质根基。"② 所以，吉登斯认为日常生活的特征是惯例、常规化和例行化。当然，这里的"日常生活"和哈贝马斯所说的"生活世界"的含义是类似的。"生活世界"最初是由胡塞尔所提出的，海德格尔、舒茨、卢曼、列斐伏尔、梅洛-庞蒂、哈贝马斯等人都对其进行了研究。哈贝马斯说："我顺带，并且按照一种重建的研究展望，引进了生活世界的概念。它构成了交往行为的一种补充的概念。"③ 可见，哈贝马斯把"生活世界"看成是个体进行社会交往的背景场所，是他们之间相互理解的"信念的储存库"，并提出了"生活世界的殖民化"。而本文所说的日常生活是指在与日常生活密切相关的领域中，人们按照传统习俗、既有规范和外界力量影响而进行的思维和社会实践活动，尤其关注现代性和国家力量对身体的规训和建构。

①阿格妮丝·赫勒. 日常生活 [M]. 衣俊卿，译. 重庆：重庆出版社，1990：3-11.
②安东尼·吉登斯. 社会的构成：结构化理论大纲 [M]. 李康，李猛，译. 北京：生活·读书·新知三联书店，1998：43.
③哈贝马斯. 交往行动理论：第2卷 [M]. 洪佩郁，蔺青，译. 重庆：重庆出版社，1994：165.

基层社会现代性发展中的身体建构

身体与秩序

一、从传统身体到现代身体

新生活运动是指 1934 年到 1949 年中华民国政府推行的社会教育运动。它最早可追溯到 1934 年蒋介石在南昌发起的新生活运动促进会，其目的是希望通过重整道德、改变社会风气、革新日常生活形态来"立民救国"，以抵御外侮、巩固统治。

蒋介石认为中国之所以衰弱招致外敌入侵的根源在于五四新文化运动彻底摧毁了中国的传统文化，使得人们没有礼仪、不知廉耻，自私自利。所以，新生活运动首先注重以"礼义廉耻"为核心的国民道德的重塑。蒋介石在《新生活须知》《新生活公约》中解释为，"礼"是规规矩矩的态度，"义"是正正当当的行为，"廉"是清清白白的辨别，"耻"是切切实实的觉悟。后为适应抗战需要又修订为"严严整整的纪律""慷慷慨慨的牺牲""实实在在的节约""轰轰烈烈的奋斗"。无疑，这不仅继承了管子的"礼义廉耻，国之四维；四维不张，国乃灭亡"的传统思想，也和孙中山先生在"三民主义"中所倡导的思想具有一定的连贯性，更引入了当时西方现代生活习惯的因素。其次，注重改造国民的衣食住行等日常生活。在《新生活运动须知》中规定为：衣即"洗净宜勤、缝补残破""拔上鞋跟，扣齐钮颗"，食即"食具须净、食物须净"，住即"剪甲理发，沐浴勤加，和洽邻里，同谋公益"，行即"乘车搭船，上落莫挤，先让妇孺，老弱扶持"等。这无疑受到当时西方国家塑造现代国民思想的影响。再次，提倡"三化"，即以生活艺术化、生产化、军事化，特别是军事化为目标，使得民众根据礼义廉耻为准则，以整齐、清洁、简单、朴素、迅速、确实为标准，吃苦耐劳，勇敢迅猛，尽忠报国。抗战爆发后，新生活运动逐渐从以前注重思想道德、日常生活层面，转变成全民总动员式的社会运动，如宣扬正气、节约开支、物品征集、战地服务、空袭救护、保育童婴、抚慰伤兵等。

这场轰轰烈烈的运动当然也影响了剑阁县，如县志记载：

民国 24 年 10 月，剑阁县奉令成立新生活运动促进委员会，由专员兼县长田湘藩任主任，按民国政府指示，在全县推行所谓"新生活运动"，利用封建的"礼、义、廉、耻"教义和"新生活"名称欺骗人民，束缚民

众的思想。县府饬令各区、联保，把"新运"当作"新政功令"推行。

民国25年，县城和较大场镇由学校师生组成"新生活运动"服务队，逢集日上街宣传国民生活要做到"整齐、清洁、简单、朴素"。区务、联保推行人员为使街房整齐，强行将城镇居民的街房檐口锯齐，以打人、骂人等手段，强制民众实行"新运"的要求。而对政府官员贪污贿赂、参与赌博、生活奢侈等政治腐败行为，却视而不见，禁而不止。农村一般居民对"新运"则知之不多。

民国27年10月，县"新运"促进会制定《剑阁县新生活运动第三周年纪念宣传大纲》，在县城召开"新运"三周年纪念会，张贴标语，宣传一通后，便向上级呈报举办情况。

民国30年夏，民国政府重庆"新运"妇女服务队来县，在县城开办妇女教育班，初有家庭妇女60余人参加，意在妇女中推行"新运"。不久，因学习人数减少停办。此后，在县境内喧嚣一时的"新生活运动"，遂湮没无闻。①

具体而言，1935年夏，田湘藩任剑阁县专署专员和县长。他一上任，就晓谕全县民众：勤俭节约，讲究卫生，革除陋习，树立新风，主张尚武精神，推行新生活运动。就身体规训和建构而言，主要集中在以下几个方面：

（1）改变慵懒。为改变人们多睡懒觉的习惯，田湘藩命人在剑阁县政府门前的坝子里，建台并竖立高高的旗杆。规定无论县府大小官员、学校师生和市民都必须以县府起床号为准，按时起床。然后都到县府门前的坝子集合并清点人数，整队后从县府"清白堂"的东辕门出去，到公园坝或川陕路跑马路、做体操。早操完毕后，队伍回原地升国旗、唱国歌及读总理遗嘱。下午五点则是降旗，仪式相同。每天如此。除此之外，县府还有两个分队的"巡查队"，每队四人。巡查员深入街市，督促民众早起，打扫卫生。若有违反，轻则批评，重则以篾片打手。当时，除了"巡查队"之外，田湘藩本人也身体力行。每天早操结束后，田湘藩一身戎装，背剑执鞭，来回在大街小巷检查。如发现号响而不起、商业不开门、街道不清扫者，均以懒汉论处。

---

①四川省剑阁县志编纂委员会. 剑阁县志［M］. 成都：巴蜀书社，1992：65-66.

（2）革除烟毒。当时剑阁县烟毒流传，很多人手持烟枪，卧榻而事，烟毒成瘾，面黄肌瘦，萎靡不振。田湘藩到任后，开始禁绝鸦片。首先取缔高升店、烟片馆等场所，布告民众"种烟者处死"。然后在县城设禁烟局、戒烟厅。田湘藩还不时带上警卫，深入乡村详加检查。如发现烟具或鸦片，就立刻查出瘾民，进行登记，并强行到戒烟厅戒烟。经过两三周，由医院检查化验，有毒者延期，无毒者发给脱瘾症，释放回家。而且将每年6月3日设为禁烟纪念节，每年这天都在县城公园坝召开大会，将瘾民带到公园坝讲话台前，站立一排。瘾民都头戴白纸糊成的尖帽子，上写"烟毒贩××"。田湘藩及其他党政头目依次训话，会后瘾民则又被带回戒烟厅继续戒毒。

（3）德化旧习。当时，剑阁县妇女缠足穿耳，头裹长帕，挽髻戴网，插簪子，戴银花，长袍大褂。田湘藩到任后四处张贴《十四专区所居民各县文武官员暨民众书》，号召民众移风易俗，情文并茂。还在县城、东门桥、南门洞和西门的"接官亭"，设置岗哨，宣传传统旧习对人们的危害。执勤人员随身带着剪刀、梳子，一遇到挽天古髻的妇女，就上前揭去其长帕、剪掉其头发然后梳好短发；遇到缠足者则解其裹足布，劝其不许再缠；遇到头戴银花、簪子的，也一律取缔。使得剑阁县城乡之民大部分都很快去掉了这些旧习。田湘藩倡穿土布，抑制日货，首倡脱去长袍，改穿短装。因而一般市民都穿中山装，既省布又方便。妇女则多短发、大足板、中山旗袍、圆口鞋、跳舞袜，走起路来，和男子一样，四平八稳。农村妇女则短装、赤足，不擦胭脂口红，不戴金银首饰，素面朝天。

（4）移风易服。当时，剑阁县民众多迷信鬼神，不讲卫生，且陋习流传。清洁卫生是新生活运动内容之一，故提倡勤洗衣被、常剪指甲、饭后漱口。特别是中小学生要求更为严格。要求男生的身体形象是：剪成光头，穿草绿色童军服，戴船形帽，系领巾，上操场手执童军棒。发型服饰不符者不准报名入校。女生则须短发，草绿色童军服，系领巾，黑色裙，长裤。高中生有所不同。男生要打绑腿，拴皮带，戴黑制帽，光头。上操场则背步枪，接受军训。高中女生也要短发，穿中山长服、短裤和长裤。使得年轻人飒爽英姿、精神振作。

田湘藩在剑阁县执政以来，以"逆则横惩，顺则德感"的策略，加之其自身能以身作则，身体力行，仅两年多，剑阁县的沉疴旧习悉被革除，

社会面貌焕然一新，被民众广为称颂。这无疑说明，近代以来的现代性进程中，国家权力对身体的规训，不只是出现在国家理念和轰轰烈烈的战场上，也出现在日常生活世界中。相区别的只是规训权力发挥的场域和具体技术方式的不同。当然，从更广阔的范围来看，这也是自清末以来伴随着现代性因素的传入和面对民族国家危亡局势时的应对之策，即通过改造身体、改造人以实现救亡图存策略的一种继续。

二、身体领导权的建构

由于新生活运动试图对中国传统儒家思想的工具化利用和直接干涉日常生活层面，James Thomson 将新生活运动称为"建立在牙刷、老鼠夹与苍蝇拍基础之上的民族复兴运动"，易劳逸认为新生活运动是法西斯主义在中国的再现，芮玛丽认为新生活运动是国民党对清朝"同治中兴"的模仿和延续，Stephen Averill 将新生活运动的开展视为剿匪工作的延续，William Wei 也将新生活运动视为国民党"三分军事、七分政治"战略的延续，仍然是从政治的立场来看待新生活运动的历史地位。但实际上，联系近代以来中国社会特殊的社会环境来看，新生活运动无疑是清末以来国家权力追求对身体的改造，进而实现救亡图存的现实压力的延续，其目的在于通过对普通民众的日常生活中的身体规训，塑造出符合时代要求的新国民，强本固源，以增强国家力量，抵抗当时共产主义思想在中国的影响，并抵御日本侵略。虽然标榜为"新"，但其实思想深处更多的是传统的儒家伦理思想在当时社会的继续运用，并吸收了西方国家在公共道德、卫生习惯、生活方式等方面的现代文明。

这种现代性和国家权力共同的作用，就是希望在心智和行为上把民众传统的身体改变成现代的身体。如在《新生活须知》《新生活公约》中所规定的"集会入室，冠帽即脱""走路靠左，胸部挺起""喷嚏对人、吐痰在地，任意便溺，皆行禁忌""闻党国歌，肃然起立，约会守时，做事踏实""公共场所，遵守纪律，就位退席，鱼贯出入"等。都试图要把国人长久以来的陋习荡涤干净，进而塑造出符合现代社会的文明身体形象。当然，这种通过对民众日常生活领域的关注以寻求现代身体的塑造，不仅仅是此时才出现。如陈独秀对"少年老成"价值观的严词批评，胡适对遍布中国的贫穷、疾病、愚昧、贪污和扰乱的批判，以及鲁迅对礼教吃人的入木刻画，都说明近代中国的生活残破，以及其间所充斥的由保守、奴隶、虚饰和锁国心态所主宰的传统身体形象。又如在当时如火如荼的乡村建设运动中，晏阳初认为国人存在的核心问题是愚、贫、弱、私，需要从文艺、生计、卫生、公民精神等方面的教育来对症下药。此时的新生活运动是凭借国家权力推行的，也说明当时的国民政府认识到仅靠军事化的训练和战争厮杀，是不能使中国走向富强的，还必须要涉及对民众日常生活中的身体改造，尤其是占中国绝大多数农民生活习惯的改造。只有建立了现代的身体形象，才能为国家富强奠定稳固的根基。但也正是因为这场由上而下的社会改造运动所要面对的是中国民众几千年的根深蒂固的生活习惯和行为方式，加之当时政局动荡不安、疆土四分五裂、官员敷衍塞责、财政捉襟见肘、组织和动员工作乏善可陈，最终并没有实现蒋介石的塑造新国民的愿望。这也说明社会运行是一个复杂的系统，虽然强大的现代性因素的嵌入和国家权力的下沉共同实施对民众的身体规训，但是忽略了民众的意愿和具有强大生命力的"地方性知识"的决定性影响，其结果就可想而知了。这种思想在詹姆斯·斯科特（James C. Scott）那里有更多类似的表述。

对于新生活运动中的身体规训，黄金麟的评价值得思考："以新生活的发动而言，它的确可以被视为是一个中国前所少有的规训过程。不同于科举考试对儒生的束缚，不同于文字狱的肃杀，也不同于乡约对乡民的教化，或朱子礼学对饮食男女的教本规约，它期望将人民的衣食住行以一次革命的方式，从头打造，而它的最终目的则是希望在经过这一番的指导与纠正后，原有的乌合之众能够晋升成为知书达礼的'人民'，进而成为有用的'国民'。以规训的角度来说，这种既希望人民成为循规蹈矩的顺民，又希望他们成为气宇昂扬、精忠爱国的国民的期待，无疑正符合福柯所谓的温驯身体（docile body）：一个既柔顺又有生产性的身体的塑造。它显示身体和生活在20世纪上半叶的中国，已经产生极度的国家化倾向，身体不再属于个人或家族所有，生活也不再属于个人的营生过活范围，他们已经被纳入国家的总体战略中。在总体战略的考虑下，个人的恣意作为和放荡不羁成为国家亟欲介入的对象。这个努力后来虽然因为新生活运动本身的组织问题和人民的消极抵制而无从贯彻实施，这种企图国家化人民身体和生活的努力，却持续地成为政治场域中的主要发展形式。"

　　这体现了现代国家力量对身体的组织、动员、训练和使用，并通过军事化的体育锻炼和形象化的日常生活改造等渠道，把个人身体纳入权力运行的轨道，进而建立"身体的领导权"。这种身体领导权的建构，受当时国民政府的种种身体规训策略的影响，如军国民教育、军事训练等。当然，如果以更加开阔的视野来看，这更是清末民国以来中国人的身体所经受的一系列规训和使用中的一个小片段，使得以前个体的、散漫的身体都受到了权力的凝视、组织和征用。

第四章

组织与动员：现代性建构中的身体调动

在清末民国以来的中国现代性进程中，随着民族危机的加深，救亡和革命的主题逐渐超越了现代性的启蒙。尤其是马克思主义的传入和中国共产党的成立，使得我国的现代性建构从以前注重学习西方资产阶级的现代性转变到学习俄国经验、充分发动群众力量以革命的方式反帝反封建，进而建立独立的现代国家的新型现代性道路，从而重新建构了我国的现代性进程。1949 年中华人民共和国的成立，标志着独立的民族国家的建立，使得清末以来的救亡与革命的使命得以顺利完成。但在旧秩序崩溃、新秩序建立之后，革命时代的精神与思维方式却在一定程度上延续了下来，使得整个社会依然沉浸在崇高的价值理性和激烈的革命氛围中，进而影响到了个人的日常生活。

这种大的时代背景，无疑对身体建构产生了重要影响。如果说传统社会的身体规训和建构主要是家庭、家族的力量按照"内圣外王"等伦理道德来塑造身体的话，那么近代在面临亡国灭种的现实压力下，身体规训和建构的实施主体则逐渐转移到国家层面。但当时的国家并不是一个积极的行动者，如清廷并没有以主动的立场来推进身体改造运动，而更多是受到当时知识分子的影响。① 即便是南京国民政府的身体改造工程也因内外交困而事倍功半。从 1949 年中华人民共和国成立到 20 世纪 70 年代末期，在革命与动员的时代背景和社会场域中，国家则逐渐从家庭的影响中掌控和塑造了身体。个人不仅属于家庭，更多的是属于国家。"身体被纳入政治轨道，现代国家从功能的角度积极地强化身体、训练身体、投资身体和管理身体，让身体服从于国家理性的逻辑，使身体成为国家理性实践的完美手段。"②

---

①黄金麟. 历史、身体、国家：近代中国的身体形成（1895—1937）［M］. 北京：新星出版社，2006：35.

②汪民安. 身体、空间、后现代性［M］. 南京：江苏人民出版社，2005：33.

第一节
组织化的身体观

　　每一个时代的身体观都是当时社会背景的直接反映。如近代以来污名化的身体观，隐喻着当时的中国社会处于积贫积弱、危机四伏的困窘境地。中华人民共和国成立后，国家主导了身体的控制权，使得国家主义、集体主义的知识、话语和论述取代了传统的个体主义、家族主义，成为身体建构的主导力量，并表现为组织化的身体观。当然，从长远来看，这与清末民国以来身体的"国家化"发展趋势是一脉相承的。

一、身体的组织化

　　身体的组织化涉及到国家对"个人身体""人口身体"的组织、规范和塑造。奥尼尔（O'Neill）认为现代社会存在五种身体形态：世界身体、社会身体、政治身体、消费身体、医学身体。① 洛克（M. Lock）也把身体区分为个体身体、社会身体和政治身体三种类型。而对身体研究影响最大的莫过于福柯，他主要从"解剖政治学"和"生命政治学"两个方面来谈论身体。福柯认为，身体的解剖政治学关注的是政治身体："把它看作是一组物质因素和技术，它们作为武器、中继器、传达路径和支持手段为权力和知识关系服务，而那种权力和知识关系则通过把人的肉体变成认识对象来干预和征服人的肉体。"② 而且，"任何权力的增长都可以在它们里面促成某种知识。正是这些技术体系所持有的这种联系使得在规训因素中有可能形成临床医学、精神病学、儿童心理学、教育心理学以及劳动的合法化。因此，这是一种双重进程：一方面，通过对权力关系的加工，实现一种

基层社会现代性发展中的身体建构

身体与秩序

090

---

　　①奥尼尔. 身体形态：现代社会的五种身体 [M]. 张旭春，译. 沈阳：春风文艺出版社，1999.

　　②米歇尔·福柯. 规训与惩罚：监狱的诞生 [M]. 刘北成，杨远婴，译. 北京：生活·读书·新知三联书店，2007：30.

知识'解冻';另一方面,通过新型知识的形成与积累,使权力效应扩大"。①

这一时期组织化的身体观主要体现在如下方面:第一,将以往分散的、原子化的个人充分组织、调动和动员起来,形成具有较强行动力的组织和集体;第二,赋予个人神圣的光环和理想色彩,高度宣扬价值理性,并通过宣传、教育、评价等策略,激发身体的生产功能和建设性力量;第三,常常把肉身视为精神的对立面,蔑视和轻贱肉身,无视肉身遭受的苦难,相信精神的强大力量,最大限度地动员和使用身体力量以实现价值理性目标。

在当时,这种组织化身体观成为国家塑造新人的标准。1949年9月29日通过的《中国人民政治协商会议共同纲领》中明确规定了新中国的教育方针:"中华人民共和国的文化教育为新民主主义的,即民族的、科学的、大众的文化教育。人民政府的文化教育工作,应以提高人民文化水平、培养国家建设人才、肃清封建的、买办的、法西斯主义的思想、发展为人民服务的思想为主要任务。提倡爱祖国、爱人民、爱劳动、爱科学、爱护公共财物为中华人民共和国全体国民的公德。"② 规定当时中国各级学校必须以"五爱"③ 为基本内容进行思想品德教育,塑造新人。当年12月,全国第一次教育工作会议将上述教育方针表述为:教育要"为人民服务,首先是为工农兵服务,为当前的革命斗争与建设服务"。④ 由此,"为人民服务""为当前革命斗争与建设服务"等思想逐步成为新中国教育发展的指导思想,成为国家通过教育塑造大众的有效策略。

中华人民共和国成立后第一次正式阐述新中国教育方针,是1957年毛泽东在《关于正确处理人民内部矛盾的问题》中提出的:"应该使受教育

①米歇尔·福柯. 规训与惩罚:监狱的诞生 [M]. 刘北成,杨远婴,译. 北京:生活·读书·新知三联书店,1999:251.

②中共中央文献研究室. 建国以来重要文献选编:第1册 [M]. 北京:中央文献出版社,1992:11.

③1982年12月4日颁布的《中华人民共和国宪法》提出的"五爱"则指"爱祖国、爱人民、爱劳动、爱科学、爱社会主义"。

④中央教育科学研究所. 中华人民共和国教育大事记(1949—1982) [M]. 北京:教育科学出版社,1984:8.

者在德育、智育、体育几方面都得到发展，成为有社会主义觉悟的有文化的劳动者。"1958 年，毛泽东又提出"两个必须"的思想："教育必须为无产阶级政治服务，必须与生产劳动相结合"。同年 9 月，《中共中央、国务院关于教育工作的指示》也指出"党的教育工作方针是教育为无产阶级政治服务，教育与生产劳动相结合"，并规定，为了实现这个方针，教育工作必须由党来领导，从而培养出既有政治觉悟又有文化，既能从事脑力劳动又能从事体力劳动的"共产主义社会的全面发展的新人"，以便更好地为社会主义革命和社会主义建设事业服务。由此，以往相对分散的个体将被组织和动员起来，激发出整合性力量推进国家的现代化进程。

二、教育场域中的身体塑造

1949 年 12 月 18 日，剑阁县获得解放。县政府也开始实施"教育为工农服务，教育为生产服务"的方针，并对各级小学和中学开展思想政治教育。按照《中华人民共和国政治协商会议共同纲领》的要求，以毛泽东著作、《社会发展史》和时事政策为政治课内容，对学生进行马列主义、毛泽东思想教育，以树立正确的世界观；进行"五爱"教育，以树立全心全意为人民服务的思想。并结合抗美援朝、清匪、反霸、减租、退押和土地改革等运动，对学生进行反帝反封建的思想教育和新中国的前途教育。通过开展学习黄继光、罗盛教、邱少云等英雄事迹，提高学生的爱国主义和国际主义的思想觉悟。1954 年，结合政治课宣讲社会主义过渡时期的总路线，使学生认识到走社会主义道路的必然性。1955 年，按教育部颁布的《中学生守则》《小学生守则》对学生进行思想品德教育。1957 年，按照教育方针，培养学生在德智体方面全面发展，加强劳动教育。1963 年，开展向雷锋学习的活动，成为政治思想教育的主要内容。①

这种随着社会变革而变化的教育方针，更具体地体现在课程设置上。以小学课程设置为例，1950 年起，县内小学课程设置发生了重要变化。一至四年级设语文、算术、体育、音乐、图画、自习和课外活动。从三年级起增设作文，从五年级起增设历史、地理、自然。1955 年，各年级增设手

①四川省剑阁县志编纂委员会. 剑阁县志 [M]. 成都：巴蜀书社，1992：764.

工劳动，将音乐改为唱歌。1957年，小学高年级增设农业常识。1958年，开设劳动课。1968年，将自然、地理、历史改为科学常识。1969年，增设政治，将体育改为军体，将音乐改为唱游（低年级）和唱歌（中高年级）。1970年，改科学常识为常识课。而且，就教育规模上来看，截止到1978年，剑阁县总人口为571065人。不仅全县农村幼儿教育逐渐恢复，场镇、公社和大队都相继办起了幼儿园、班。当时，全县共有小学865所，班级2335个，在校小学生合计68405人；共有中学25所，班级464个，在校中学生合计26930人；中等师范1所，班级1个，在校生合计为281人。① 从而为社会培养了更多的新式人才。

当然，教育场域中的身体塑造，也体现在当时的扫盲运动中。正如列宁所说，在一个文盲充斥的国家，是建不成共产主义的。中华人民共和国成立后，国家就开始开展扫盲工作。1950年秋开始，夜课班就在剑阁县各地应运而生。当时的剑阁县有1镇25乡，207保，2494甲。在新的村级人民政权尚未正式建立之前，原来保所属地区改为村，原来的甲改为居民组。全县共有3000多个居民组，都设立了夜课班，前后约7万多农民参加。而1950年底，剑阁县的总人口为335454人，可见扫盲运动涉及的范围之广。扫盲运动初期，由于农村师资奇缺，经常是一个乡村范围内很难有几个高小毕业生，初中生就更少了。所以，夜课班的老师，大多数由读过几年私塾或当过保甲长而民愤又不大的人担任。授课则使用《扫盲三字经》作为教材，以认识一些简单的且与日常生活相关的字为主。

当时人们学习的积极性比较高。一般的是晚上吃完晚饭后，我们这个小组的人就陆续到学校去。我们有的点着火把，有的提着油灯，一路上有说有笑的，非常热闹。到了学校之后，一般是先认字，学习文化，然后开会，有的时候也有学唱歌、扭秧歌等活动。当时唱的歌主要是《东方红》《妇女自由歌》《北京的金山上》等。这样子，既学了文化又听了政治还有娱乐，热情都很高。1950年秋季以后，每个村小学都分配了公办的小学教师一人。他平时除了教小学之外，还要在扫盲的夜课班上课。后来还有一种特殊的形式就是"识字岗"：在要道路口，摆放一个黑板或几个识字卡

---

①四川省剑阁县志编纂委员会. 剑阁县志［M］. 成都：巴蜀书社，1992：751，755，758.

片，专门派个人把守。凡是有路过的人，都要由监守人员指定你认几个字之后才能放行。要不然，不管你多大官、时间多忙，都要教你把字认会了才让你走。（访谈编号：LQY-M-101）

1955年2月，随着农业合作社的建立和社会主义建设高潮的来临，剑阁县按照四川省政府的要求，从全县教师中抽调了何建基、白嘉宾、丁起超、王宗成四人为专职的扫盲老师，指导全县的扫盲运动。与此同时，四川省政府和剑阁县所属的绵阳专署，也成立了专职常设机构，办起了《四川扫盲报》《四川扫盲》杂志，推动剑阁县扫盲运动进一步发展。9月，剑阁县成立扫盲办公室（后升格为县扫盲委员会），由县政府、县妇联、县团委、县工会、县文化馆、县武装部、县新华书店的人组成，任命起泽奎为办公室主任。专职扫盲教师增加到25人。随后，各乡也相继成立了"乡扫盲协会"，并逐渐建立起了一整套的扫盲体系。同时，夜校改为民校，并连续两年分点在柳沟、开封、白龙等三处举办了为期五至七天的民校教师培训班，先后为农村培训了5000多名民校教师。在扫盲高潮形成后，扫盲委员会建立了对1500个常用字的会认、会写、会讲、会用为目标的"四会"考试制度，制定了"农闲多学、农忙少学、大忙保本"的扫盲方针，并采取了灵活多样的学习形式，如到校集中学习、到院子小组学习、包教包会、送字上门、夫教妻、子女教父母等。

剑阁县的扫盲工作，成绩斐然。据1956年8月《四川农民报》有篇"文化种子开了花"的报道称，截至当时，剑阁县的夜校已为农业合作化运动培养了会计、记分员、社干部6250人。如剑阁县姚岭乡永安社主任贾中澄，就是从夜课班学文化起步，不仅办起了全国文明的"永安社"，还被评为《四川农民报》的优秀通讯员，曾四次出席省城通讯员先代会。禾丰乡三夫村的王顺国、凉山乡云凤村的刘光寿，也都是凭着在夜课班学到的文化，在后来的农业集体化运动中大显身手。到1957年3月，全县有1.5万多人，经过严格的考试领取了《扫盲毕业证》。至当年6月，扫盲毕业人数达到了4万多。扫盲运动为剑阁县培养了数以万计的技术员、民办学校教师和乡、村、社干部，为后来的社会主义建设奠定了坚实的群众基础。

第二节
集体化社会中的身体调动

华裔政治学家邹谠认为："全能主义"（totalism）是20世纪中国政治的一个非常显著的特征。[①]"全能主义"政治源于19世纪末20世纪初中国社会面临的全面危机。当时，在外来强力和内部军阀混战的双重冲击下，国家趋于解体，社会各个领域的传统制度也不断失效，中国社会面临生死存亡的紧急关头。无数仁人志士认为首先必须建立一个独立而强大的民族国家，从而利用它的政治权力深入社会，进行广泛的社会动员和组织，以克服这种危机状况。国民政府试图在中国建立"全能主义"的政治模式，但由于内外交困的时局结果不甚理想。中华人民共和国成立后，高度集中的计划经济体制使得中国的"全能主义"政治进一步形成。这无疑对身体的组织、动员与使用产生了深远的影响。

一、土地改革中的组织策略

1949年12月17日，解放军第18兵团攻克川北战略要地剑门关。18日，解放军进驻县城，剑阁县获得解放。同日，剑阁县人民政府宣告成立，并贴出《中国人民解放军约法八章》和《剑阁县人民政府布告》，晓谕全县人民。由此，剑阁县开启了一个新的发展时代。对于以农业为主的剑阁县来说，这种新时代的真正开端无疑是土地改革。但如何在新政权建立之初规范、训练民众，并动员他们广泛参与到土地改革中来，则并不是一件容易的事。

塞缪尔·亨廷顿（Samuel Huntington）认为，土地改革要想成为现实，在政府和农民之间有两种组织联系是必不可少的。一是政府必须建立一个新的、经费充裕的行政组织，并配备立志于改革大业的专门机构和专门人才去主持其事。二是农民自身的组织，如果没有农民的广泛组织和参与，

---

①邹谠. 二十世纪中国政治：从宏观历史与微观行动的角度看［M］. 香港：牛津大学出版社，1994：3.

土地改革必定事倍功半。"集中的权力能够颁布土地法令，但只有广泛扩展的权力才能使这些法令成为现实。农民的参与对于通过法律或许并非必要，但对执行法律却不可或缺……农民联盟、农民协会、农民合作社都是保证土地改革具有持久活力的必备条件，不管它们自己宣布的宗旨是什么，组织本身就在农村形成了新的权力中心。"①所以，只有把自上而下的权力运作和自下而上的组织动员有效结合起来，才能保证土地改革的顺利进行。

对基层民众的管理和动员经历了从传统的保甲制到新的乡村制的转变。中华人民共和国成立之初，剑阁县仍然沿用了民国时期的保甲制度。1950 年废除保甲制度，建立新的乡镇人民政府，由乡（镇）长、农民协会和自卫武装组成基层政权。关于农民协会，最早始于 1950 年 3 月 24 日在县城召开的农民代表会议。当时，有 300 多名代表出席会议，学习和讨论了《农民协会章程》，选举出县农民协会筹备委员会，成员 11 人。经过三个月的筹备，于当年 7 月 1 日正式成立了剑阁县农民协会（以下简称农会）。之后，在全县建立 4 个区农会，25 个乡农会，207 个村农会。当年末，共发展农会会员多达 12 万多人，占全县总人口的 1/3 强。农会按组织、财粮、自卫武装、妇女、查评等分工，使得农民通过自己的组织，掌握了"印把子"（基层政权）、抓住了"刀把子"（自卫武装）、培养了"笔杆子"（文字工作人员）。

当时，按照政务院、最高人民法院《关于镇压反革命活动的指示》和《西南区减租暂行条例》的精神，农会组织开展了清匪（肃清地方上的土匪，维护社会稳定）、反霸（反对和打击地方恶霸和欺压百姓的封建势力）、减租（减去佃农向地主交的高租部分）、退押（要地主退还佃户向其租地时交的抵押金）和镇压反革命等活动，充分动员了广大人民群众，为全面开展土地改革扫清了障碍。剑阁县的土改属川北区第三期。县上成立了土改委员会和土改工作总结团，由中央土改工作团西南区第九分团、川北区党委工作团、剑阁县地委干部训练班和各区、乡干部、教师、农民积极分子等共 3000 人组成。1951 年 11 月 23 日，剑阁县按照《川北区土地

---

①塞缪尔·亨廷顿. 变化社会中的政治秩序 [M]. 王冠华，等，译. 北京：生活·读书·新知三联书店，1989：364-365.

改革运动实施办法》正式开展土地改革运动（以下简称土改），至 1952 年 4 月 15 日完成，历时 140 余天。[1] 具体可分为如下几步：

（1）宣传政策，发动群众，整顿组织。土改工作组进村后，普遍召开干部和各阶层群众会议，广泛宣传《中华人民共和国土地改革法》；提出"打倒地主阶级，实行耕者有其田""吐苦水、挖穷根"等口号；访贫问苦，扎根群众，发动群众，开诉苦会；教唱《没有共产党就没有新中国》《伟大的祖国》《咱们工人有力量》等歌曲，组织跳秧歌等活动开展宣传，提高民众的思想觉悟。在此基础上整顿农民协会、乡村政权和农民自卫队组织，清洗不纯分子，扩大组织。经过整顿，农会会员从 156391 人增加到 186835 人，乡、村、组干部从 17318 人变为 17788 人，农民自卫队队员从 27847 人增加到 32256 人。贫雇农在各级组织中占三分之二左右。

（2）划分阶级成分。按照政策规定，采取自报和群众评议方法，按照占有生产资料和是否存在雇工剥削的情况，划出地主（包括工商业兼地主）、富农（包括佃富农）、中农（包括佃中农、富裕中农）、贫农和雇农等不同的阶级成分，确定依靠谁、团结谁、打击谁。全县共划出地主 4658 户，占总户数的 5.41%；富农 2469 户，占 2.87%；佃富农 39 户，小土地出租者 1417 户，中农 34088 户，佃中农 1976 户，贫农 36863 户，雇农 1743 户，工商业者 1015 户，工人、贫民及其他 1855 户。

（3）结合"镇反"运动开展反违法斗争。土改中，部分地主破坏、转移"五项财产"，甚至进行杀人、放火、投毒等破坏活动。在充分发动群众揭露地主、恶霸分子违法行为的基础上，结合"镇反"运动开展反违法斗争。先后以区或数乡联合召开公审大会 145 次，以乡或村召开斗争大会 315 次，先后有 42000 多人次在会上控诉、清算违法地主分子的罪行。并根据"镇压与宽大相结合，严肃与谨慎相结合"的方针，依法判处一批有严重破坏活动的地主、恶霸分子。

（4）没收"五项财产"，分配胜利果实。按照政策没收地主的土地、房屋、耕牛、大型农具家具、多余的粮食等"五项财产"；征收富农、小土地出租者的出租土地和房屋。并通过群众充分讨论，提出分配"五项财产"的方案。其分配原则是：在照顾佃农原耕的同时，实行抽补调整的办

①四川省剑阁县志编纂委员会. 剑阁县志 [M]. 成都：巴蜀书社，1992：70-72.

法，对雇农按人分足，贫农补齐所缺，中农、富农自耕土地保留不变，地主按人均分配土地和财产。

1952年上半年，组织民众进行土改复查、纠正成分划分上的偏差，减免赔罚款和分配中的遗留问题等。1952年4月15日，历时140多天的土改完成。各地以乡为单位召开群众大会，颁发土地证书，欢庆土改胜利。

当然，土改的整个过程，也可理解为国家对农民进行不断规范、训练、动员的过程。其中的宣传政策、发动群众、整顿组织、划分成分、开展反违法斗争、没收与分配"五项财产"等，无疑是卓有成效的动员策略。在这个过程中，充分发挥了农民协会这个组织机构的作用。按照政务院1950年7月14日通过的《农民协会组织通则》规定：农民协会是农民自愿结合的群众组织。其任务是团结农村中一切反封建分子，遵照人民政府的政策法令，进行反封建的社会改革，维护农民利益，组织农民生产，保障农民的政治权利。并且，农民协会是农村改革土地制度的合法执行机关。结合当时的《乡（行政村）人民政府组织通则》可以看出，当时在乡以上，农民协会只是土地改革的专门性机构，而在乡以下，农民协会则成为了事实上的政权组织。

农民协会、土地改革及其中成功的动员、组织策略，极大激发了民众的热情，成功地运用了他们的身体力量为国家建设服务。吴毅在对川东双村的考察中认为："长期以来，外于政治，无组织，生活于社会底层，无人问津，一向为生存奔波的双村人突然发现自己成为了国家的主人，进入了政治的中心，那种激动和由此所焕发出来的热情是惊人的。当时事情特别多，一天到晚东奔西忙，但就是不感到累，浑身都充满了劲，'像着了魔似的'。"[1] 土改结束后，各级农民协会逐渐消失，被新组建的乡村政权机构取代。这或许可以从农民协会自身的建立目标中找到一些答案。因为《农民协会组织通则》规定农会只是土地改革的执行机关，它只能满足民众对于土地的需求。但国家要带给民众的显然不仅仅是小农经济的发展，还有工业、科技、国防等其他方面的国家政权建设考量。换言之，土改完成后，国家需要集政治统治、工农业生产、治安维护、文化教育、集体生

①吴毅. 村治变迁中的权威与秩序：20世纪川东双村的表达［M］. 北京：中国社会科学出版社，2002：110.

基层社会现代性发展中的身体建构

身体与秩序

活等多种功能于一体的复合型组织，以动员、管理民众，农民协会显然不能满足这种复杂的功能需求。这也可以看作是人民公社这种新的组织形式在随后兴起的原因之一。

二、人民公社中的组织机制

和当时的全国各地区一样，剑阁县也经历了从互助组、初级合作社、高级合作社到人民公社的发展历程。土地改革虽然极大地解放和提高了人们的生产积极性，促进了农业生产的恢复和发展。但个体农业经济也存在很大的脆弱性，许多农民经不起天灾人祸的袭击，或因劳动力不足、畜力农具缺乏、农田水利建设落后、农业新技术采用少、经营不善等方面影响面临困难。1951年中央在《关于农业生产互助合作的决议》中，提倡和鼓励农民根据自愿互利的原则实行各种形式的生产互助合作。剑阁县于1952年3月在北庙乡、开封乡试办"梁树森互助组""唐正清互助组"。到当年9月底全县已建互助组6899个，加入农户58440户，占全县农户的75%。1954年1月，县委在继续发展互助组的同时，贯彻中央《关于发展农业生产合作社的决议》，派工作组赴北庙乡"梁树森互助组"和开封乡"唐正清互助组"试办"土地入股、统一经营"的半社会主义性质的初级农业生产合作社，定名为"剑模农业社"和"唐家湾农业社"。同年11月10日，北庙乡建成全县第一个农业合作化乡。1955年秋，为贯彻中央《关于农业合作化问题的决议》，剑阁县掀起办社高潮。全县有145个村（占总村数的27.4%）办起了初级农业社。1956年初级社发展为1483个，入社农户58356户，占总农户的57.3%。同年1月，县委在北庙、开封、柳垭3乡试办完全社会主义性质的高级农业生产合作社。此后，高级社迅猛发展，各乡镇开展扩社、并社、转社工作。至1957年，全县有高级社1498个，初级社115个，共入社农户87639户，占总农户的99.6%。[①] 这不仅完成了农业合作化进程，实现了农民个体所有制向集体所有制的转变，也奠定了国家在继续组织和动员民众生产、生活中的作用。1958年8月底，剑阁

①四川省剑阁县志编纂委员会. 剑阁县志 [M]. 成都：巴蜀书社，1992：73-74, 375-378.

县县委召开四级扩干会议，贯彻《中共中央关于在农村建立人民公社问题的决议》，开展人民公社化运动。9月15日，成立了农林牧副渔全面发展、工农商学兵相结合、生产经营分配高度集中的第一个人民公社——武连人民公社。之后，县上抽调干部组织工作队到各乡宣传和协助建立人民公社。至9月底，全县38个乡都先后建立了"一大二公"的人民公社。显然，人民公社对民众起到了十分明显的组织作用。

首先，国家力量与乡村社会建立了正式联结，基层民众的日常生产、生活，实现了"政社合一"①。按照中央于1958年8月至1962年9月通过的关于农村人民公社工作的相关决议②规定，人民公社的建立似乎更多是出于经济上的考虑。但实际上，也有其他的考虑。因为中华人民共和国成立后，废除了传统的保甲制度，建立了新的乡（镇）人民政府作为基层人民政权组织。在乡（镇）以下建立村、组制，村设正副村长、农会主席、自卫队长及生产、治安、文教、调解等委员，村组为基层群众自治组织。所以，这时的国家力量止步于乡（镇）一级。而农业合作化以来建立的互助组、初级社，乃至高级社，基本都是乡（镇）下村、组的组合，没有与国家的基层政权组织设置相吻合，不利于国家对乡村社会成员的有效组织和动员。所以，之后逐渐将乡（镇）建成人民公社。根据各地方不同的情况，人民公社的组织可以是两级，即人民公社和生产队；也可以是三级，即公社、生产大队和生产（小）队。生产大队设正副大队长、财务、保管、妇女、治安等委员和民兵连长、会计、出纳、保管等，生产（小）队设正副队长及财会、出纳、保管、记工等。并规定"人民公社的各级组织，都必须执行国家的政策和法令，在国家计划指导下，因地制宜地、合理地管理和组织生产"③。所以，人民公社的建立，为更有效地组织、动员民众奠定了基础。

①于建嵘. 岳村政治：转型期中国乡村政治结构的变迁［M］. 北京：商务印书馆，2001：261.

②主要是1958年8月29日中共中央政治局扩大会议通过的《中共中央关于在农村建立人民公社问题的决议》；1961年3月22日，中共中央工作会议通过的《农村人民公社工作条例（草案）》，即后来所称的"农业六十条"；1962年9月27日，中共第八届中央委员会第十次全体会议通过的《农村人民公社工作条例修正草案》。

③中共中央文献研究室. 建国以来重要文献选编：第15册［M］. 北京：中央文献出版社，1997：616.

其次，人民公社实行"组织军事化、行动战斗化、生活集体化"原则，集组织、动员、管理、生产、生活等多种功能于一身。1958年，在《中共中央关于在农村建立人民公社问题的决议》中指出："在农田基本建设和争取丰收的斗争中，打破社界、乡界、县界的大协作，组织军事化、行动战斗化、生活集体化成为群众性的行动，进一步提高了五亿农民的共产主义觉悟；公共食堂、幼儿园、托儿所、缝衣组、理发室、公共浴堂、农业中学、红专学校等，把农民引向了更幸福的集体生活，进一步培养和锻炼着农民群众的集体主义思想。"① 即作为国家在农村中的基层单位，人民公社在行政上受县人民委员会及其派出机关领导的同时，在管理生产建设、财政、粮食、贸易、民政、文教卫生、治安、民兵和调解民事纠纷等项工作方面行使职权，对农民的政治活动、生产劳动、家庭生活等实施高度集中的统一管理。如当时剑阁县将劳动力编为班、排、连、营，统一调动，大兵团作战。全县农村办公共食堂5156个，社员在食堂吃饭，取消自留地和家庭事业。在分配上实行"按月发工资，吃饭不要钱"。随后，为实现人民公社的"一大二公"，基层普遍采用"一平二调"的措施，即"平均主义"和"无偿调拨物资"。

再次，人民公社使得"社队共同体"取代了家族共同体，改变了农村社会的传统结构。一般而言，传统的农村社会是家族共同体，或既是"一盘散沙"同时又是"守望相助，有无相通，患难相恤"的地缘共同体。② 但人民公社制度的实施，使得由公社、生产大队、生产队组成的"社队共同体"取代了传统的家族共同体。自然村变为行政村，传统的宗族社会变为国家权力领导下的集体社会。传统的"家庭人"被纷纷组织起来，整合成为集体社会的"新人"，他们在生产、生活、政治、经济、思想、文化娱乐上都必须整齐划一。所以，人民公社制度在一定程度上重塑了农村社会传统的文化网络和权力结构，以新的权力形式取代了传统权力形式，以行政化的组织动员方式取代了传统的组织动员方式。③

①中共中央文献研究室. 建国以来重要文献选编：第11册 [M]. 北京：中央文献出版社，1995：446-447.

②吴毅. 村治变迁中的权威与秩序：20世纪川东双村的表达 [M]. 北京：中国社会科学出版社，2002：121.

③王立胜. 人民公社化运动与中国农村社会基础再造 [J]. 中共党史研究，2007 (3).

三、支配身体的个人意志

由于人民公社制度存在一定的平均主义和过分集中的政策倾向，导致了部分农民采取比较隐蔽的、间接的方式表达自己的情绪。这类似于斯科特（James C. Scott）所谓的"弱者的武器"。斯科特通过对马来西亚农民的日常形式——偷懒、装糊涂、开小差等的探究，揭示他们如何利用心照不宣的理解和非正式的网络来表达自身的诉求。①

集体化不仅造成土地等生产资料归集体所有，而且劳动也归属于集体，受到集体的统一调配。因此，在人民公社这个集体化社会中，劳动也不再是个人自由选择的结果，而是其对集体必须尽到的义务。② 1955 年 11月 9 日通过的《农业生产合作社示范章程草案》中对"劳动组织"的规定是：农业生产合作社实行有组织的共同劳动，实行社会分工，逐步实行生产中的责任制。应该把社员编成几个生产队，让各生产队在全社的生产计划的指导下，自行安排一个时期和每天的生产。生产队长或生产组长应该注意正确地分配本单位每个人的劳动任务，充分地发挥有组织的共同劳动的优越性，使生产效率提高；并且尽量地使每个人（特别是老弱病残的社员）都能够发挥力量。生产队长或者生产组长应该在每天工作完毕的时候，检查本单位各人的工作成绩，并且根据工作定额登记各人所应得的劳动日报酬。而且，除了有特殊情况得到社员大会许可的以外，合作社的社员都必须每年在社内做够一定的劳动日。"劳动纪律"则包括：不无故旷工，劳动的时候听指挥，保证劳动的质量，爱护公共财产。③ 即便对集体劳动时间和劳动任务都做了普遍的规定，但个体劳动的数量和质量却受到个人意志的支配，因此就出现了"磨洋工"这种"出工不出力"的现象。

社员一开始出工还比较积极，后来就有人慢慢吞吞的，故意迟到。有

---

①詹姆斯·C·斯科特. 弱者的武器 ［M］. 郑广怀，张敏，等，译. 南京：译林出版社，2007：2.

②徐勇. 论农民劳动的国家性建构及其成效 ［J］. 山西大学学报（哲学社会科学版），2008（3）.

③中共中央文献研究室. 建国以来重要文献选编：第 7 册 ［M］. 北京：中央文献出版社，1993：378-380.

的妇女在家里要忙着煮饭、洗碗、喂猪，也迟到了。不过一到放工的时候，跑得都很快。下地干活时，有的看到干部来了，就装模作样地干一会儿，等到干部一走，又坐下来偷懒。有的分到了脏活、累活，心里不满意，就消极怠工。还有人装病偷懒。当然也有人为了多挣工分，干活很卖力，不顾劳动质量。如玉米地里除草，只除大草，不管小草。这样干得快，而且不容易被发现。（访谈编号：ZDR-M-105）

在集体生产中，很多人上工时间偷懒，下工后到自留地里拼命干活，正所谓"集体田里磨洋工，自留地里打冲锋""上工磨洋工，下工打冲锋"。剑兴村当时就有很多人把集体劳动中的种子、农药、化肥等省下一部分，放工后偷偷带回家用在自家的自留地上。或以借为名将生产队的劳动工具拿回家后不再归还。在集体生活中，损公肥私现象也时有发生。1958年8月13日，剑阁县委根据省委发出的关于"农村大办集体食堂，挖掘劳动潜力"的指示，在全县开始大办公共食堂。经过两个月时间的工作，全县实现了公共食堂化，农村办起公共食堂5156个，参加农户87267户，人员391720人，占农村总人口的99.9%。① 社员加入食堂后，家中的粮食全部交食堂，取消社员自留地，由食堂种菜养猪；城镇的段、组和合作商店、合作社也办起集体食堂291个。公共食堂开始普遍还是"四菜一汤""两稀一干"，到1959年初许多食堂出现粮食紧张、蔬菜不足的问题。到了下半年，粮食减产，多数食堂一日三餐稀饭。1961年4月1日，剑阁县开始解散公共食堂，当年7月1日前食堂全部撤销完毕。期间，尤其是在公共食堂后期，损公肥私现象时有发生。

当时是吃完早饭地里做到十点过肚子就饿了，无精打采的，就坐在田边地界上等收工吃饭的钟声。有一些胆子大的，等到收工后没人的时候悄悄去地里找粮食，包谷、红薯、土豆，凡是能吃的都行，有的晚上偷偷去食堂找东西吃。（访谈编号：ZSM-F-107）

张乐天在研究人民公社制度时，也谈到了小农采取的类似策略：如"工分挂帅""搭便车""爬梯级"、负攀比、损公肥私、借拿占偷等行为。高王凌将这种行为称之为"反行为"，并做了专门的调查研究。刘欢迎也对人民公社时期的"偷懒耍滑"行为进行了详尽分析。这些都有助于我们

①四川省剑阁县志编纂委员会. 剑阁县志［M］. 成都：巴蜀书社，1992：35.

更加真实、细致地了解在这一情境中，民众并非是制度的被动接受者，他们有自己的欲望、思想，并以特有的、不易被觉察的方式去侵蚀、改变、消解着既定的制度和规则。

第三节
集体劳动中的身体动员

在这一时期，国家对民众的组织和动员，除了前面所提及的组织形式之外，也反映在集体劳动的组织和开展中。这也可以看作是宏观的历史进程在地方社会的具体呈现。

一、劳动竞赛的整体图景

1960 年，中央把总路线、大跃进和人民公社称为社会主义建设的"三大法宝""三面红旗"。在"三面红旗"的指引下，剑阁县掀起社会主义建设的高潮，到处都是你追我赶、战天斗地的劳动气氛。剑阁县的文史资料较为详细地记录了当时这一情景：

当时，各单位、工矿、学校都要写出决心书，谁的决心大，指标提高得快、措施得力、完成任务快，就给谁送喜报、插红旗，开庆功会、祝捷会、现场会，号召大家向他学习，作为标兵。在这滚滚洪流的革命浪潮前，谁要是畏缩不前，行动迟缓，就要拔谁的"白旗"。剑阁县是农业县，而大跃进的重点在农村，因此，全县提出了"雨天当晴天，黑夜当白天，苦战五昼夜，建成高产田""重病不吃药，轻病不下火线，革命加拼命，苦战一冬春，跨过双农纲"等口号。那时只要走出大门，便可看到漫山遍野有大兵团作战的人群（几个生产作业组的社员在一起干活）在兴修水利或干其他农活。人们劳动在哪里，就在哪里插上一面面鲜艳的红旗，架设起震耳欲聋的高音喇叭，以鼓舞人们的斗志。在路边田边只见堆着高过人的堆肥，到处是高产试验田，标签上有面积、产量、年月日和管理人的姓名等。田边、地角、山脚都铲得溜溜光，难得见到一棵杂草。许多田埂用石头砌得异常齐整，好似一道道城墙。社员们除白天抓紧干活外，每天晚上还得加班加点搞夜战，在工地上，灯火辉煌，如同白昼，往往到十二点，才回去睡觉。

在大抓农业的同时，工业也未放松。全县提出口号，"学习大庆人，苦干加巧干，苦战两年半，实现四个现代化"。在当时，除了抽调大批的钢铁民工到旺苍金溪大炼钢铁外，还以各区乡所在地的铁器社和中学校为基地，建起了土高炉，开展群众性的冶炼钢铁运动。此外，芳香油厂、黄连素厂、纤维厂、滚珠轴承厂，如雨后春笋，在各地出现了。就是那穷乡僻壤之地，也能看到炉火通红，烟焰亘天的景象。为了使社办企业产值大幅度增长，在企业内部开展"比、学、赶、帮"的社会主义劳动竞赛活动。不论到哪个工厂去参观，只见工人们、民工们在不停地劳动，挥汗如雨，机器声、马达声隆隆作响。在办公室、礼堂的墙壁上，贴满了奖状、挑战书、应战书、决心书和捷报、喜报。

在这一时期，学校除上课外，还要面向工农，面向生产，利用课外时间，引导学生培育油菜大王、棉花大王、玉米大王等向社队推广；也步社队企业之后尘，办了纤维厂、黄连素厂、芳香油厂、糖盐水针药厂等。产品由供销社收购，卖的钱作勤工俭学收入，用于扩大再生产。还要利用星期日和寒暑假下队劳动，或积肥，或送肥。有时也把几所村小学合并在一起，办大学校，住食在一起，加班加点地给学生上课、补课。在"革命加拼命，奋战三星期，全校（全班）实现百分化"的口号声中，校与校、班与班、组与组、个人与个人，发起了挑（应）战，使得一些学生夜以继日、废寝忘食地学习功课，争取当尖兵、夺红旗。

二、身体动员的技艺

政治学者多伊奇率先用社会动员（social mobilization）一词来表示现代化过程中社会成员在思想意识和行为方式上的变化。社会动员是一个过程，通过它，"一连串旧的社会、经济和心理信条全部受到侵蚀或被放弃，人民转而选择新的社交格局和行为方式"。亨廷顿则把社会动员视为政治发展的手段，认为"社会和经济的变化，如城市化、文化和教育水平的提高、工业化以及大众传播的扩展等，使政治意识扩展，政治要求剧增，政治参与扩

大"。这实质上都是把社会动员视为社会现代化的过程。而另一种观点则认为社会动员是对一个社会的资源、人力及其精神的动员。认为通过社会动员，可调动广大民众的积极性，为社会发展进行力量积蓄和思想准备。这实质是把社会动员视为社会发展的前提。对于如中国这样的发展中国家来说，社会动员更是必不可少。结合上面的资料可以看出，在当时的日常劳作中，国家对民众的动员和组织，主要通过如下一些策略和技艺得以实施：

（1）话语引导。国家通过一系列的话语引导，向民众宣传价值理念，进行意识形态整合，以充分调动民众的建设性力量。1958年5月，中央提出"鼓足干劲、力争上游、多快好省地建设社会主义"的总路线。[①] 当年9月，按照四川省委的安排，剑阁县委抽调机关干部409人，连夜动员农村青壮年5万余人，编成排、连、营，由县长唐振华带队赴旺苍县办钢铁厂。同时又调集9950人在县内兴建8个小铁厂；各机关、学校、场镇亦建起炼铁土炉33座，炼钢土炉83座。在"大办钢铁"的同时也掀起"大办工业"的浪潮。随后，农村地区又掀起"诗化山乡"、小学集中在公社办大学校、出动十多万人除"四害""苦战四十天实现运输车子化"等热潮。1959年3月，剑阁县委召开有3713人参加的农业跃进誓师大会，开展高产竞赛。提出"人人放卫星，社社创高产"等口号[②]。这更加激发了人们的劳动热情，使得人人干劲十足。

（2）树立典型。国家话语塑造出"劳模""铁人精神""铁姑娘"等理想的身体形象，引导人们的身体力量，激发人们的身体潜能。从1950年9月中华人民共和国召开第一次全国工农兵劳动模范代表大会以来，孟泰、时传祥、王进喜等人先后被评为劳模。此后，他们成为国家话语所推崇的理想的身体形象。如铁人王进喜，戴一顶普通的工作帽、穿一件沾满油污的工作服、有一张粗犷而刚毅的面庞，眼神中透出坚定顽强的神色。凭着"宁可少活二十年，拼命也要拿下大油田""有条件要上，没有条件创造条件也要上"和"石油工人一声吼，地球也要抖三抖"的艰苦奋斗精神，激励着无数中国工人忘我地投身社会主义建设事业。铁姑娘最早是人民对山

①中共中央文献研究室. 建国以来重要文献选编：第11册［M］. 北京：中央文献出版社，1995：292.

②四川省剑阁县志编纂委员会. 剑阁县志［M］. 成都：巴蜀书社，1992：76.

西大寨青年妇女突击队（尤其是队长郭凤莲）的赞誉之称，称赞其铁肩挑重担，"一不怕苦，二不怕死"的精神。后来则逐渐演变成为批判传统的"妇女无用论"和"妇女落后论"的具体符号，并掀起一场女性挑战传统性别分工的运动。[①] 当时"铁姑娘"典型的身体形象就是梳着两个整齐的马尾辫，或剪着齐耳的短发，黝黑饱满的脸庞，威武坚定的目光，粗壮的手臂，宽阔的肩膀，壮硕的腰身，蓝灰色的衣着。这种理想身体形象的建立，无疑是把妇女从传统的家庭和父权制的束缚中解放出来，强化了国家对其的组织和动员。

（3）劳动竞赛。当时主要通过劳动竞赛、"跃进台"等形式，造成一种社会纪律性和集体荣誉感，充分调动民众的劳作热情。如1959年8月，剑阁县决定修筑县城到田家乡的"剑田路"。

在动员大会上，主席台上的横幅为"鼓足干劲，力争上游，多快好省地建设社会主义"，会场两边悬挂着大红标语"苦战三个月，修通剑田路""实干加巧干，定叫穷山变富乡""立下愚公移山志，敢叫日月换新天"等豪言壮语布满会场。田家公社团委书记代表全乡青年向大家立下誓言："刀山敢上，火海敢闯，三个月修不通剑田路，决不下战场。"在建设工地上，则组织学生做了一副"争取上北京"的巨幅标语，十分醒目。规定各级干部必须和工人同吃、同住、同劳动。不准随意请假，小病不下火线，大病必须要医生证明，公社批准才行。出工时间则是"两头不见天"，即拂晓就出工，夜黑不见五指才能收工。完不成当天任务的，则需要打上火把连夜加班。

可见，通过话语引导、树立典型、劳动竞赛等策略，把对民众的组织、动员和民族国家振兴联系在一起。这显然和当时所处的时代背景密不可分，也延续了清末民国以来国家政权现代化建设的历史进程。使得个人的存在被赋予更多神圣的意义，个人不仅仅是家庭人，更是社会人，个人的存在和身体力量的发挥与民族国家的发展、繁荣富强紧密相关。这种劳动伦理和韦伯笔下的清教徒辛勤劳作、禁欲苦行是为了践行"天职观""荣耀上帝"等心态明显不同。

[①]金一虹."铁姑娘"再思考：中国"文化大革命"期间的社会性别与劳动 [J]. 社会学研究，2006（1）.

第四节
日常生活中的身体政治学

正如有论者所言，革命虽然在绝大多数情况下都寻求思想上的改造，但往往达到的直接效果却是改造身体，因为思想是通过身体来体现的。而思想隐藏在人的内部，它是不能轻易革掉的，只有外面直观显现的身体的命被革掉了，它里面的思想才会最后消亡。所以，革命到后来，往往演变成一场针对身体的运动：它或者造就一个驯服的身体，或者把一个不驯服的身体加以改造。①

一、公共卫生与"生命政治学"

中华人民共和国成立后，卫生事业既要为人民的健康服务，也要为社会主义建设服务。1952 年，在反对美国对我国进行的"细菌战"中，群众性的卫生运动逐渐发展成为全民性的"爱国卫生运动"。当时，中美两军在朝鲜战争中处于胶着状态，美国于 1952 年 2 月起派飞机对我国东北、青岛等地区进行"细菌战"。"三月四日，美机十三批、七十二架次侵入我安东、浪头、大东沟、九连城、长甸、河口、新民、辑安、浑江口、宽甸等地撒布昆虫细菌。"② "三月六日二十一时，美国飞机一架侵入我青岛市郊，撒布细菌毒虫，敌机过后，青岛市东郊及沙子口等地居民发现大批突然出现的苍蝇、蜘蛛和小甲盖虫、蚂蚱、土蜂、蚂蚁等毒虫。"③ 1952 年 3 月 14 日，政务院决定成立"中央防疫委员会"，领导全国人民开展以反对美军"细菌战"为中心的爱国卫生运动。并规定，采取卫生工作与群众运动相结合的方针，充分发动群众的力量。随后，人民群众在运动中提出了

①谢有顺. 文学身体学 [J]. 花城，2001 (6).

②不顾我国和全世界人民正义警告，美机侵入我东北撒布病菌 [N]. 人民日报，1952-3-7.

③美侵略者竟把细菌战扩展到青岛，并继续在我东北地区疯狂撒布细菌毒虫 [N]. 人民日报，1952-3-7.

"八净""五灭""一捕"的要求。这一运动不仅给侵略者有力的回击，也大大改善了城乡卫生环境和民众的身体健康状况。

然而，"高涨的民族主义情感和反帝口号的维系虽然一时容易聚集和调动民众的群体行为，并使其向规定的政治方向发展，但心里和情绪的宣泄要使之凝固化显然需要更加稳定的制度安排才能达到"①。即如果要想把这种以爱国主义的情感激励模式为基础而发展起来的卫生运动转化为民众自觉的日常行为，就需要一系列有效的制度设置和广泛的社会动员机制加以保障。1953 年 1 月 4 日，《人民日报》载文指出：为保证祖国经济建设、国防建设和文化建设的顺利进行，须坚持不懈地开展爱国卫生运动。今后的卫生工作在坚持"面向工农兵、以预防为主、团结中西医"三大原则外，还必须坚持"与群众运动相结合"的原则，学会做群众工作，走群众路线。随后，"中央防疫委员会"也更名为"爱国卫生运动委员会"。这标志着全国的卫生运动由以前的战时处置转入日常生活状态，并具有了国家支撑的领导机构和具体工作方针。

在此背景下，剑阁县也于 1958 年 3 月掀起爱国卫生运动热潮。城乡出动 14 万人次，采取投毒饵、堵鼠洞、填水坑、挖蝇蛹、疏阴沟、驱麻雀等办法，除"四害"（苍蝇、老鼠、蚊虫、麻雀）。5 月，经省卫生检查团验收，被评为省"红旗县"。随后，剑阁县又制定"八无"规划，把除"四害"发展为除"八害"（新增蟑螂、跳蚤、臭虫、虱子）。8 月，吴玉章率中央卫生检查团 18 人来县，到剑门、凉山、西庙等农业社检查后，给予赞扬和肯定。后被评为"全国爱国卫生先进单位"。12 月，国务院以周总理的名义颁发奖状："奖给农业社会主义建设先进单位"。1959 年，全县在元旦、春节、五一、国庆等节日，集中搞环境卫生，并建立健全经常检查与节假日大检查和评比表扬制度。每检查一次，都要在大门上贴出"最清洁""清洁""不清洁"等标签。1960 年 3 月 30 日，《四川日报》以《高举山区卫生工作的红旗》为题，报道了剑阁县的爱国卫生运动工作经验。随后，时任四川省委书记的李井泉批示："剑阁县爱国卫生运动工作已经使全县人民普遍地养成卫生习惯，共用二十二句表达出来：人人有面巾，

①杨念群. 再造"病人"：中西医冲突下的空间政治（1832—1895）［M］. 北京：中国人民大学出版社，2006：341.

个个用牙刷，户户设痰盂，家家用公筷，烟囱上房，厕所加盖，尿桶出房，人畜分居，鸡鸭有窝，猪牛有圈，骡马有棚，房屋周围无杂草，厨房有隔墙灶，食堂设置沙滤缸、流水洗碗槽，住房院院红白墙，室内室外四面光，家家爱清洁，人人讲卫生，移风易俗新气象。一个山区县能作出这样的成绩，的确是全省爱国卫生运动的一面旗帜。"①

或许，谁也没有料到，这场以强烈的爱国主义情绪发端的"爱国卫生运动"会成为以后民众日常生活的一部分，并一直延续到今天。它的源起、发展和推广，反映了流行病学、公共卫生学等知识对身体的改造，以及其中蕴藏的家国情怀、意识形态、群众路线等因素之间的复杂关系。而且，这种福柯所谓的"生命政治学"的身体规训方式，与以往相比，使得医生在很大程度上成为现代社会规训权力的主要实施者，进而建构了一种新的身体规训技术。

二、"军便服"的社会隐喻

在当时，"军便服"一度成为全国多数民众统一的服饰。它已经超越了衣服本身驱冷御寒、保护身体的纯粹功能，成为具有丰富文化内涵的象征系统。"军便服"是仿照军装制成的一种男式便服，呈草绿色，有着和中山装一样的立翻领，前身上下左右有四个口袋，均为有袋盖的挖袋，袋盖不露钮洞，袋里装钮襻，外观简洁朴素、富有生气。正如罗兰·巴特所说："服装总包含着叙事性因素，就像每一个功能至少都有其自身的符号一样，牛仔服适用于工作时穿，但它也述说着工作。一件雨衣防雨用，但它也意指了雨。功能和符号之间（在现实中）的这种交换运动或许在许多文化事务中都存在着。"② 所以，"军便服"作为服装的功能已经被弱化，而其隐含的社会意义却被强化。它是一种特殊的社会服装，是革命氛围中个人身份、社会文化、时代精神和国家的重要象征，是当时革命群体的认同方式和群体意识的反映，是身体政治学的又一表现。

---

①四川省剑阁县志编纂委员会. 剑阁县志 [M]. 成都：巴蜀书社，1992：838-839.
②罗兰·巴特. 流行体系：符号学与服饰符码 [M]. 敖军，译. 上海：上海人民出版社，2000：295.

康纳顿（Paul Connerton）认为："任何一件衣服都变成文本特质（textual qualities）的某种具体组合……服装作为物化的人与场合的主要坐标，成为文化范畴及其关系的复杂图示；代码看一眼就能解码，因为它在无意识层面上发生作用，观念被嵌入视觉本身。"① 所以，"军便服"的流行，显然不是出于审美的考量，它更多的是一种社会符号。人们纷纷通过这种"军便服"来标示自己的社会态度。而其他的一切装扮都在破"四旧"和反对资产阶级生活方式的号召下，成为不合时宜的行为。全国人民的服饰都色彩单调，不分男女，不分职业地盛行"军便服"。当然，它也反映了在那种特殊的社会氛围中，人们试图通过服饰的统一进而寻求思想的统一。

从另一个方面来说，"军便服"的流行也是人们自愿接受这种身体规训的结果。这主要来源于当时人们对国家的认同。所以，当领导者以一身草绿色的军装出现在公众场合时，这也就成了一种政治权威和偶像崇拜的符号，人们对于国家的情感认同迅速转化为统一的服饰行为。从文化上看，这也出于人们在生活观念上根深蒂固的"求同"观念。如李泽厚所言："中国思想传统一般表现为重'求同'。所谓'通而同之'，所谓'求大同存小异'。它通过'求同'来保护和壮大自己，具体方式则经常是以自己原有的一套来解释、贯通、会合外来的东西，就在这种会通解释中吸取了对方、模糊了对方的本来面目而将之'同化'。"②

就社会功能而言，"军便服""不仅象征了行为范畴的存在，而且造成了这些行为范畴的存在，并通过塑造体形，规范举止，成为习惯"③。所以，"军便服"使得无数身着它的人油然而生一种革命、进步的自豪感。因为只有出生于"红五类"家庭、属于革命队伍中的一员才有这种资格。而且，即便同为"军便服"，人们仍然能从服装的颜色、款式分出不同的等级，那种洗得泛白、造型简洁的"军便服"便成为身份、地位的标志。④

①保罗·康纳顿. 社会如何记忆 [M]. 纳日碧力戈，译. 上海：上海人民出版社，2000：31.

②李泽厚. 中国古代思想史论 [M]. 天津：天津社会科学院出版社，2003：297.

③保罗·康纳顿. 社会如何记忆 [M]. 纳日碧力戈，译. 上海：上海人民出版社，2000：33.

④孙燕京，岳珑. 民众记忆与服装衍化：1949—2000 年中国城镇民众服装流变 [J]. 当代中国史研究，2005（9）.

穿着"军便服"，同时也会产生强烈的为革命做贡献的生产热情，并积极投身到社会主义建设中去。这个时期普遍实行"男女同装"，使得广大的女性褪去粉黛，换上宽大的"军便装"或蓝灰色的衣服，越来越多地参与到社会劳动和政治活动中去，获得了"半边天"的美誉。这也从一个侧面说明，妇女在当时已经从传统的家庭中解放出来，获取了更多的社会地位和身份，在国家发展和社会进步中扮演着越来越重要的社会角色。

第五章

脱嵌与再嵌：现代性重塑中的身体再造

20世纪70年代末以来，邓小平在深刻总结前期社会主义建设经验的基础上，主张走建设中国特色的社会主义道路，使得现代化发展进入新时期。随着改革开放的步伐，"以经济建设为中心""科学技术是第一生产力""发展社会主义市场经济""发展社会主义民主政治""以人为本"等一系列现代性的观念意识逐渐形成，具有越来越广泛的社会认同与群众基础，并"在促进中国社会理性化、组织化和制度化的现代性进程中发挥着价值支撑与现代观念整合的作用"[1]，构成了具有中国特色的现代性不断深入发展的坚实基础，也使得我国进入重塑现代性的新时期。

在这个新的历史时期，国家逐渐退出社会生活领域，社会系统逐渐变得相对自主和分化。市场经济和工具理性的逻辑在社会生活中取代了传统的国家权威和价值理性而成为新的具有重要影响力的因素，社会生活愈加个体化，以往附着在身体上的一系列政治符号趋于消解，更多的被赋予了现实生活的内容。身体从以前制度体系组织化动员的对象又重新回归到个体的私人领域，更多的人把现实生活的感受性和体验性作为行动的出发点。

113

第一节
个体化的身体观

德国社会学家贝克（Ulrich Beck）针对第二次世界大战后已经完成工

---

[1]王英伟. 社会工程与中国现代性的建构 [D]. 长春：吉林大学，2009.

业化的各资本主义国家在阶级、家庭、性别等领域出现的一些新现象、新问题，提出了个体化（individualization）概念和理论。个体化过程在本质上是一场个体与社会之间关系的解构与重构过程，也可以说是行动和结构的关系的重塑过程。在这一过程中，传统社会结构对个体的约束与支持逐渐弱化，个体从阶级、核心家庭、性别角色等具有规定性的传统制度体系中抽离出来，作为相对独立的个体进行自主选择和社会行动。改革开放以来，中国社会的个体化趋势也在不断发展，我国社会正在逐步从"总体性社会"转向"个体化社会"。① 由此，前一阶段的组织化身体观也逐渐被个体化身体观所取代，成为新时期对身体进行规范、训练和建构的结构性力量。

一、身体的个体化

身体个体化是指改革开放后身体被赋予的神圣光环逐渐褪去，而更多承载了个体的、现实生活的内容。具体而言，在此之前，国家指导和规范着社会生活的大部分领域，大众的身体不只属于自己和家庭，更多地属于国家和社会。改革开放以后，身体则逐渐从制度体系回归到个体，也成为彰显个性、标榜自我的载体。这主要从以下四个方面来看：第一，政社分开，身体上直接的国家色彩开始减弱，国家力量逐渐淡出社会生活领域，更多地通过与日常生活息息相关的人口控制、流行病学、公共卫生、社会保障和社会福利等措施来间接地塑造人们的身体。第二，市场机制和消费主义带来的市场化和商品化日益侵蚀着身体，把身体打造成欲望的工具和消费的载体，饮食、服装、健身、美容、养生等与身体相关的产业纷纷崛起。第三，人们的自我意识、自主选择和自主行为不断增强，对身外的"宏大叙事"关注降低，更多地专注于对身体的物质刺激和感官享受。第四，在这个社会发展的特殊阶段，人们在日益沉湎于身体享乐与消费时，容易造成精神家园的沦丧乃至自我的迷失。

其实，这种个体化身体观的形成，是传统社会向现代社会转变的一个

①文军. 个体化社会的来临与包容性社会政策的建构 [J]. 社会科学，2012（1）：81-86.

重要方面，也是社会现代化的重要维度和必然结果。它不独特存在于改革开放后的中国社会，从更广阔的视野来看，它也相似地呈现在西方社会。丹尼尔·贝尔（Daniel Bell）在《资本主义文化矛盾》中把韦伯所说的"禁欲苦行主义"称为"宗教冲动力"，把桑巴特（Werner Sombart）所说的"贪婪攫取性"称为"经济冲动力"。并认为，在资本主义兴起和发展时期，这两种冲动力就被"锁合"在一起。前者代表了资产阶级精打细算、勤俭节约、谨慎持家的精神，后者则是体现在经济和技术领域的那种"浮士德式骚动激情"和勇敢进取的勃勃雄心。"这两种原始冲动的交织混合形成了现代理性观念。而这两者之间的紧张关系又产生出一种道德约束，它曾导致早期征服过程中对奢华风气严加镇压的传统。"① 然而，在现代社会，当技术理性蔓延到一切领域的时候，资本主义的"经济冲动力"还在不断亢奋，乃至是愈益奋进，而限制物欲的"宗教冲动力"却在不断地萎靡，甚至变得有些苍白无力。也就是说，"在'经济冲动力'的强力冲击下，'宗教冲动力'节节败退。最后，'经济冲动力'把'宗教冲动力'抵消得无影无踪，在科学技术和工业生产长足发展的欢庆声中，'经济冲动力'成为唯一支配、推动和统治资本主义社会运行变化的力量"②。这样，使得当代的资本主义文化乃至整个社会都发生了深远而真切的变化：很多人不再具有"天职观"和"荣耀上帝"的心态，而只是一味地沉溺消费、贪图享乐，造成普遍的信仰沦落、价值迷茫。

但是，与西方相比，中国社会的宗教从来就没有成为左右社会生活的决定性力量。所以，这里所说的个体化身体观明显与上面提到的含义有所不同，是针对 20 世纪 70 年代末以来中国独特的社会背景而言的。在 1978 年改革开放前，国家、政治是整个社会的绝对权威，有着不可挑战的神圣性，影响着社会生活的方方面面。而改革开放之后，这种神圣性的国家力量不再具有以往那种绝对色彩，个体自我意识增强，个体的自主性和选择性增强，社会生活呈现多元化的趋势。所以，有论者将西方社会的这种转

---

①丹尼尔·贝尔. 资本主义文化矛盾［M］. 赵一凡，蒲隆，等，译. 北京：生活·读书·新知三联书店，1989：29.

②刘少杰. 后现代西方社会学理论［M］. 北京：社会科学文献出版社，2002：114.

变概括为"脱神入俗",而中国社会的变化则是"脱圣入俗"①。

贝克的个体化命题强调个体化进程的四项基本特征：（1）去传统化；（2）个体的制度化抽离与再嵌入；（3）被迫追寻为自己而活，缺乏真正的个性；（4）系统风险的生平内在化（biographical internalization）。② 这四项基本特征可以从两个维度进行解读，前两项特征是与国家和制度相关的结构维度，后两项则是与个体相关的行动维度。在当今这个消费社会，身体在挣脱了传统、制度力量的限制与束缚之后，却在个体化发展中逐渐走向了另一种极端。在消费文化的推波助澜下，人们只知道作为物质的身体，而无视身体的文化、精神层面。对身体极尽奢华放纵之能事，使得身体逐渐成为物质刺激和感官享受的载体，乃至沦为商品的消费机器。③ 面对身体所处的这种窘况和困境，我们应当如何来理解和反思身体、自我与社会之间的内在关系，这无疑是一个更加复杂的议题。

二、教育话语的转变与身体塑造

教育方针是国家对民众进行身体塑造的思想指导。改革开放之初，国家赋予教育的功能是为社会主义现代化建设培养"又红又专"的人才。1981 年，党的十一届六中全会通过的《关于建国以来党的若干历史问题的决议》中指出："要加强和改善思想政治工作，用马克思主义世界观和共产主义道德教育人民和青年，坚持德智体全面发展、又红又专、知识分子与工人农民相结合、脑力劳动与体力劳动相结合的教育方针。"④ 当年年末，五届人大四次会议在《政府工作报告》中也提出："使受教育者在德育、智育、体育几个方面都得到发展，成为有社会主义觉悟的有文化的劳动者和又红又专的人才。"和 20 世纪 50 年代的教育方针相比，无疑是用"全面发展"代替了以前的"两个必须"（1958 年毛泽东提出教育必须为

①杨春时. 现代性与中国文学思潮 [M]. 北京：生活·读书·新知三联书店，2009：216.

②乌尔希里·贝克，伊丽莎白·贝克-吉恩斯海姆. 个体化 [M]. 李荣山，范譿，等，译. 北京：北京大学出版社，2011：7.

③奥尼尔. 身体形态：现代社会的五种身体 [M]. 张旭春，译. 沈阳：春风文艺出版社，1999：2.

④中共中央党校教材审定委员会. 中共中央文件选编 [M]. 北京：中共中央党校出版社，1994：184.

无产阶级政治服务，必须与生产劳动相结合）。

　　20 世纪 80 年代中后期，国家又提出教育之目的在于培育"四有"新人。1985 年 5 月，在《中共中央关于教育体制改革的决定》中指出，教育必须为社会主义建设服务，社会主义建设必须依靠教育。因此，教育应该培养"有理想、有道德、有文化、有纪律，热爱社会主义祖国和社会主义事业，具有为国家富强和人民富裕而艰苦奋斗的奉献精神"的人才[①]。1986 年，《中华人民共和国义务教育法》第三条也规定："义务教育必须贯彻国家的教育方针，努力提高教育质量，使儿童、少年在品德、智力、体质等方面全面发展，为提高全民族的素质，为培养有理想、有道德、有文化、有纪律的社会主义建设人才奠定基础。"

　　20 世纪 90 年代以来，国家教育方针基本延续了 20 世纪 80 年代的思想。如 1993 年中央颁发的《中国教育改革和发展纲要》认为，必须坚持教育为社会主义现代化建设服务，与生产劳动相结合，培养德、智、体全面发展的建设者和接班人。1995 年通过的《中华人民共和国教育法》第五条也有类似的表述："教育必须为社会主义现代化建设服务，必须与生产劳动相结合，培养德、智、体等方面全面发展的社会主义事业的建设者和接班人。"可见，20 世纪 90 年代以来的教育方针具体表述虽然有所不同，但其核心内容仍然是培养"全面发展"的"四有新人"，倡导教育为社会主义现代化建设服务。

　　剑阁县教育的具体情况正是这种宏观社会背景在地方社会的反映。1979 年以来，县内中小学校开始拨乱反正，逐步澄清混乱思想，结合改革开放，加强坚持四项基本原则的教育，同时按照教育部《关于教育战线大力开展学习雷锋运动的通知》精神，普遍开展学习雷锋活动。同时，在学生中开展"五讲""四美""三热爱"和争当"三好"学生，做"四有"新人的活动，培养社会主义建设人才，使广大学生的政治思想觉悟、道德品质普遍提高。20 世纪 80 年代末期，又着重对学生进行党的基本路线教育、法制教育和反对资产阶级自由化的教育，以历史事实教育学生懂得"没有共产党，就没有新中国"的真理，教育学生坚持社会主义制度，自觉抵制资产阶级和一切腐朽思想的侵蚀，维护国家安定与社会稳定，并立

---

　　①中共中央学校教材审定委员会. 中共中央文件选编 [M]. 北京：中共中央党校出版社，1994：312.

志为社会主义现代化建设做贡献。① 20 世纪 90 年代以来，为深入贯彻国家《教育体制改革的决定》和《关于改革和加强中小学德育工作的通知》，坚持"五育并举、德育首位、全面育人"的办学思想，剑阁县文教局在各学校开展了党史教育、形势教育和"三学、三树、三热爱"教育等活动。

综上所述，自中华人民共和国成立以来，国家教育话语经历了从初期的"为人民服务""为工农服务""为生产服务"和 20 世纪 50 年代后期的"为无产阶级政治服务"、20 世纪 60 年代的"为阶级斗争服务"、20 世纪 80 年代的"为社会主义建设服务"，到 20 世纪 90 年代以来的"为社会主义现代化建设服务"，无疑体现了在不同的时代背景下，国家通过教育话语对民众的塑造。具有以下几个方面的特点：

第一，都以马克思主义关于人的"全面发展"作为教育话语的理论基础。从毛泽东的"使受教育者在德育、智育、体育几方面都得到发展"，邓小平的"培育有理想、有道德、有文化、有纪律的'四有'新人"，到新时期的"努力培育有理想、有道德、有文化、有纪律的，德、智、体、美全面发展的社会主义事业的建设者和接班人"。虽然在各个时代对"全面发展"的理解和内容有所不同，但马克思主义"全面发展"理念的基础地位未变。② 第二，对身体的塑造都以实现国家目标为要旨。毛泽东在 1958 年《关于教育工作的指示》中认为"教育为无产阶级的政治服务，教育与劳动生产结合"，教育的目的，是培养"既有政治觉悟又有文化的、既能从事脑力劳动又能从事体力劳动的人，而不是旧社会的只专不红、脱离生产劳动的资产阶级知识分子"。③ 改革开放后，教育话语转变为引导民众成为"四有"新人，为社会主义现代化建设做贡献。第三，这其实是清末民初以来身体政治化、国家化进程的延续。身体不再仅属于自己和家庭，更属于国家和社会。所以，身体承载的也就不仅仅是传统的人口繁衍和家庭劳作，更多的是价值理性的重任。

①四川省剑阁县志编纂委员会. 剑阁县志 [M]. 成都：巴蜀书社，1992：765.

②胡斌武. 我国学校教育培养目标的历史转换 [J]. 当代教育论坛：宏观教育研究，2006（1）.

③中共中央文献研究室. 建国以来重要文献选编：第 11 册 [M]. 北京：中央文献出版社，1995：490-491.

第二节
后集体化时期身体的再组织化

与集体化社会中的"全能主义"相比，后集体化时期则呈现出"后全能主义"的特点。这主要表现在①：（1）社会不再是高度一元化的，存在着有限的多元化状态。以前的"全能主义"国家具有对社会和个人广泛而深入的组织、动员能力。而在"后全能主义"中，政社分开，政治影响的范围有所缩小，社会和个人逐渐形成自主化的社会空间。（2）意识形态领域仍然保持着社会主义的基本符号体系，作为国家统治和社会整合的基础，但市场化和实用性也成为社会认同的重要基础。（3）"后全能主义"延续了"全能主义"体制下国家强大的社会动员能力，作为实现现代化的权威杠杆。这无疑对这一时期的身体建构产生了重要影响。一方面，随着家庭联产承包责任制的实行和人民公社的解体，国家对个人的直接控制明显减弱，但依然透过基层政权保持着强大的组织和动员能力；另一方面，个体的自主性显著增强，身体更多地承载了自我意志和个人喜好。尤其是在市场经济和消费主义的影响下，人们更多地关注现实生活中的内容，从而赋予了身体更多享乐和消费的意涵。

一、包产到户与个体的激发

20 世纪 70 年代末开始的农村社会改革，最主要的一个成就就是人民公社的解体，实行家庭联产承包责任制，政社分开。从 1958 年人民公社在我国农村建立以来，它一直以"一大二公""政社合一"为特征，以"组织军事化、生产战斗化、生活集体化"为行事原则。人民公社作为国家在农村社会的"基层单位"，对民众的家庭生活、生产劳动、思想政治等方面均实行高度统一的严格管理。使得国家力量史无前例地延伸到社会基层，把历来视为"一盘散沙"的中国民众组织、动员起来，并整合为具有

① 萧功秦. 中国社会各阶层的政治态势与前景展望 [J]. 战略与管理，1998（5）.

高度集体意识和共同行动能力的社会共同体。这极大地瓦解了农村社会传统的组织结构、权力网络、生产方式和生活样态，使得家庭不再是独立自主的生产生活单位，个体不再是分散的孤立状态。在当时，人民公社这种组织化形式当然也是国家对农村社会进行社会主义改造，进而引导民众通向共产主义的桥梁。"建立农林牧副渔全面发展、工农商学兵互相结合的人民公社，是指导农民加速社会主义建设，提前建成社会主义并逐步过渡到共产主义所必须采取的基本方针。"①

　　1976 年后，国家逐渐对以前的农村政策进行了一定的调整，这主要表现在修订了《农村人民公社条例（试行草案）》（简称新"六十条"）。新"六十条"对社员家庭副业、生产队的权限、农村发展等问题进行了阐述。1978 年 12 月召开的十一届三中全会重新确立了解放思想、实事求是、一切从实际出发的思想路线。次年通过的《中共中央关于加快农业发展若干问题的决议（草案）》，则系统总结了我国农业发展的经验教训，重新制定了多种形式的农业生产责任制。1980 年 9 月，中央在召开的省、市、自治区党委第一书记座谈会上，讨论了农业生产责任制的问题，并在座谈会纪要《关于进一步加强和改善农业生产责任制的几个问题》中指出：在那些边远山区和贫困落后的地区，长期"吃粮靠返销，生产靠贷款，生活靠救济"的生产队，群众对集体丧失信心，要求包产到户的，应当支持群众的要求，可以包产到户，也可以包干到户，并在一个较长的时间内保持稳定。② 而且，包产到户依存于社会主义经济，没有复辟资本主义的危险。1982 年，中央在《当前农村经济政策若干问题》中进一步对多种形式的农业生产责任制和包产到户给予了高度评价，认为"这是在党的领导下我国农民的伟大创造，是马克思主义农业合作化理论在我国实践中的新发展"③。这无疑打破了长期以来人们对包产到户的意识形态顾虑，大大促进了包产到户在全国的发展。至 1983 年，全国已经有 94.5% 的农户实行了包

　　①中共中央文献研究室. 建国以来重要文献选编：第 11 册 [M]. 北京：中央文献出版社，1994：447.
　　②有林. 郑立新，等著. 中华人民共和国国史通鉴：第 4 卷：第 4 册 [M]. 北京：当代中国出版社，1999：190.
　　③有林. 郑立新，等著. 中华人民共和国国史通鉴：第 4 卷：第 4 册 [M]. 北京：当代中国出版社，1999：409.

产到户。这种家庭联产承包责任制，使得人民公社名存实亡。

四川是当时全国率先推行土地家庭联产承包责任制改革的两个农业大省之一。1979年，剑阁县贯彻党的十一届三中全会精神，在农村开展经济体制改革。在坚持土地集体所有制的前提下，逐步实行多种形式的联产承包责任制。1980年，试行"统一经营，包产到组"的责任制，至年末全县有1/3的生产队包产到组。1981年3月，中央一号文件传达后，县委又在汉阳公社七里大队试行"统一经营，包产到劳"的责任制。5月制发《剑阁县统一经营包产到劳责任制试行条例》，7月在县委三级干部会上讨论通过《剑阁县包产到户责任制条例》后，责任制逐渐普遍推行。到当年年末，全县有2320个生产队实行了包产到户。1982年春，根据中央一号文件《全国农村工作会议纪要》精神，继续完善农业生产责任制，全县3369个生产队均推行家庭联产承包责任制，将集体土地承包给农民个户经营；耕牛及大型农具折价归经营者；水利设施由集体管理，实行有偿使用；山林落实所有制和责任制包给个户经营。承包者按规定交纳农业税和集体提留，有效地调动了农民的生产积极性。1983年，全县农业获得全面大丰收，粮食总产达56214万斤，创历史最新纪录，人均粮食1018斤，为国家提供商品粮19200万斤，农业总产值比1978年增长了27.2%。[①]

与以前的人民公社制度相比，家庭联产承包责任制降低了国家对个体的干预和限制程度，尤其是把人民公社对农村资源和农业生产的决策权直接赋予了农民，使得农民以家庭作为独立的生产经营单位，自主安排劳动，自由支配收益，极大地激发了个体的积极性。正如林毅夫所认为的，正是由于产权制度残缺导致劳动监督成本过高和劳动激励过低等问题导致了人民公社制度的解体。也可以说，劳动者选择偷懒，不是因为他们天生懒惰，而只是觉得不值得为如此低的激励更辛苦地劳作。所以，人民公社的解体，不是由于它的社会主义性质，而是其制度设置中对劳动监督的困难和劳动激励的缺失。而随后实行的家庭联产承包责任制，则使得劳动监督和劳动激励问题得到了根本的解决。一方面，"在家庭责任制下，一个劳动者能确切地知道他付出了多少劳动，且监督费用为零，因为它已经不需要使用为执行劳动计量所花费的资源"；另一方面，"家庭责任制下的劳

---

①四川省剑阁县志编纂委员会. 剑阁县志 [M]. 成都：巴蜀书社，1992：84.

动者的劳动激励最高，因为它不仅获取了他努力的边际报酬的全部份额，而且还节约了监督成本"①。可见，通过家庭联产承包责任制这一有效的生产组织形式，民众身体的建设性力量获得了有效的释放和调动。

二、"乡政村治"格局的形成

家庭联产承包责任制不仅仅是一种经济制度，或者说它的影响已经远远超出了经济领域，从而引起了一系列的连锁反应。（1）政社合一体制名存实亡。原来公社管理土地耕作、劳动等职能一旦下沉到家庭和农户，其借助于指令性计划经营农业生产的经济功能便自行丧失。（2）集工农商学兵合一的准军事化管理体制解体。社队干部突然间要对千家万户实行社会管理功能，便会显得茫然无措，于是出现了一段管理真空，甚至农村社会出现了某种程度的社会秩序紊乱。（3）农村基层高度集中的体制，开始了职能分化。党政分开和政社分开的提出，国家权力系统垂直下沉，都对公社体制的内部结构产生了冲击。② 所以，家庭联产承包责任制的实行，不仅标志着在中国实行了 27 年的人民公社的解体，也对整个农村社会的政治和社会领域产生了巨大冲击。③ 当时，"农村一部分社队基层组织涣散，甚至陷于瘫痪、半瘫痪状态，致使许多事情无人负责，不良现象在滋长蔓延"④。面对人民公社解体后农村社会的权力真空和社会状态，国家主导下的又一种社会组织、管理形式——"乡政村治"体制应运而生。

人民公社政社分开的改革，从 1979 年春四川省广汉县率先推进，到 1985 年全国范围内基本完成，前后共用了 6 年时间，大体经历了三个阶段⑤：第一个阶段，从 1979 年 3 月在 9 省、市试点开始，至 1982 年底截

---

①林毅夫. 制度、技术与中国农业发展 [M]. 上海：上海三联书店，1992：45—69.

②发展研究所综合课题组. 改革面临制度创新："后包产到户"阶段的深层改革 [M]. 上海：上海三联书店，1988：222.

③于建嵘. 岳村政治：转型期中国乡村政治结构的变迁 [M]. 北京：商务印书馆，2001：319.

④有林. 中华人民共和国国史通鉴：第 4 卷：第 4 册 [M]. 北京：当代中国出版社，1999：305.

⑤有林. 中华人民共和国国史通鉴：第 4 卷：第 3 册 [M]. 北京：当代中国出版社，1999：8.

止。1982 年 11 月 5 日，时任国务院副总理的万里在全国农业书记会议和农村思想政治工作会议上强调：随着多种经济形式的发展，原来的人民公社体制已经不能适应农村经济的发展，必须有所变革。第二个阶段是从1982 年底新宪法颁布到 1983 年秋，政社分开在全国 28 个省、市部分地区进行试点。1982 年 12 月 4 日通过的《中华人民共和国宪法》规定乡、民族乡、镇设立人民代表大会和人民政府，为我国最基层的政权单位；规定在城市和农村按居民居住地区设立居民委员会或者村民委员会，作为基层群众性自治组织。第三个阶段，在总结试点经验的基础上全面展开。1983年 10 月 12 日，中共中央、国务院在联合发出的《关于实行政社分开建立乡政府的通知》指出，随着农村经济体制改革的发展，农村政社合一的体制显得不合时宜。应该按照宪法的规定在农村建立乡政府，政社分开。乡的规模一般以原有公社的管辖范围为基础，如原有公社范围过大的也可以适当划小。在乡、镇以下，要设立基层群众性自治组织——村民委员会，实行村民自治。村民委员会的职责是积极办理本村的公共事务和公益事业，并协助乡人民政府搞好本村的行政工作和生产建设工作。

此后，全国各地开始了政社分开、建立乡政府的工作。1985 年初，这一目标基本完成。1985 年 6 月 5 日，《人民日报》在头版头条新闻中报道："建乡前全国共有 56000 多个人民公社、镇，政社分开后，全国共建了92000 多个乡（包括民族乡）、镇人民政府。各地在建乡的同时，建立村民委员会 82 万多个。"[1]剑阁县也于 1983 年冬开始实行政社分开，成立乡（镇）人民政府和农民村民委员会，下辖村民小组。至 1989 年为止，全县设 13 镇 47 乡，529 个村民委员会，3479 个村民小组。[2]

应该说，政社分开、建立乡政府的工作取得了很好的成效，也使得农民的日常生活层面在理论上摆脱了国家的直接干预，而归由在村民委员会领导下的"自治"。但实际上，因为当时的村干部基本上还是由乡政府任命，所以这种"自治"的背后依然有国家的印迹。1987 年 11 月 24 日，第六届全国人大通过《中华人民共和国村民委员会组织法（试行）》，并于1998 年 11 月 4 日九届人大正式通过。其中规定，村民委员会由村民直接选

----

①全国农村建乡工作全面完成 [N]. 人民日报，1985-6-5.

②四川省剑阁县志编纂委员会. 剑阁县志 [M]. 成都：巴蜀书社，1992：257-258.

举产生，是村民自我管理、自我教育、自我服务的基层群众性自治组织。其职能是办理本村的公共事务和公益事业，调解民间纠纷，协助维护社会治安，向人民政府反映村民的意见、要求和提出建议。国家与农村的基层组织之间的关系是：乡、民族乡、镇的人民政府对村民委员会的工作给予指导、支持和帮助，但是不得干预依法属于村民自治范围内的事项，村民委员会协助乡、民族乡、镇的人民政府开展工作。由此，人民公社解体后，农村社会新的社会组织、管理形式——"乡政村治"格局基本形成。

三、社会组织与动员的弱化

从人民公社到"乡政村治"格局的发展变迁，无疑都是国家力量自上而下推动的结果。但与"政社合一"的人民公社相比，"乡政村治"格局显然重新构建了国家与个人的关系。

这首先表现为国家对基层社会的组织和动员相对弱化。人民公社通过两级（人民公社、生产队）或三级组织（公社、生产大队和生产小队）设置，将原属于自治性质的村、组置于国家政权网络之下，并通过在基层设置"代理人"来加强管理。而"乡政村治"格局下国家权力的基层政权又收缩到了乡、镇一级，乡、镇以下的村民委员会为基层群众性自治组织。它们之间不是领导与被领导的关系，而是"指导"与"被指导"的关系。这可以看作是近代以来中国社会建构现代国家的坚实步伐，使得国家对个人的直接控制明显弱化，个体获得了更多的自由与选择。

因为人民公社奉行"组织军事化、生产战斗化、生活集体化"的行事原则，对个人的生产、生活、思想、娱乐、流动等方面全面影响。而"乡政村治"时期的国家力量则退出了生产、生活领域，个人的日常安排更多地遵循的是个人意志而非以前的国家强力。国家与个人的关系更多地表现在税费缴纳上，即由以前的权力控制为主变为以"经济利益共享"为主。也可以说，人民公社时期国家通过对生产资料、劳动过程和生活资料分配的绝对控制权而建立起来的具有总体性社会特征的乡村社会结构的解体，使得农民与国家的经济、政治和社会等错综复杂的关系均化繁为简的税

费收缴关系。对农民个体而言，这无疑是神圣国家形象"世俗化"的过程。① 税费改革之后，更使得国家对基层和个体的影响大大减弱。即便是在农村修建公路、水利等基础设施，国家也是用经济刺激而非以前的政治强力作为激励民众的主要手段。

> 我们村去年修从下面县公路到村公路的时候，队长在开会的时候就说这个是投义务工，每个人每年要投 3 到 5 个义务工。实在不愿意去或家里有事的，就要扣钱，按照 1 个工 30 元计算。年终算账的时候，再把扣的这个钱分给投工多的、超出了义务工天数的那些人。刘家就特别会算，平时村上投工他们家基本不来，一到修公路的时候，他们家的大人小孩都来了，年终的时候他们分了好几百元。（访谈编号：YSY -F-110）

1986 年起，公路岁修则采取以金代劳的办法，以前蕴含的政治意味也趋于消解。规定凡国家机关、全民所有制和集体所有制单位职工、个体工商户等一律缴纳岁修代金，每人 3 元，农村每个劳动力则是 1 至 2 元。1988 年起又改为"投工与交代金相结合"的办法。这种以金代劳的方法，其实在古代劳役由实物形式向货币形式的转化过程中就已经存在。劳役是古代统治者强迫平民百姓从事的体力劳动，是对其身体强制的、无偿的、直接的使用，以进行农业生产、建筑修葺、军事服役等。由于商品经济的发展，汉朝出现了劳役使用向实物形式和货币形式的转化。到了封建社会的中后期，经过唐朝的"两税法"、宋朝的"募役法"、明朝的"一条鞭法"和清朝的"摊丁入亩"等一系列改革，货币形式则逐渐取代了劳役形式和实物形式成为国家赋税的主要形式。② 这个过程，是身体征用逐渐兴起、发展直至被货币化的过程，也是国家力量对个人身体的掌控明显弱化的过程。

在"乡政村治"格局下，随着国家对个体影响的弱化，也使得个体由以前人民公社时期集体社会的高度整合状态转变为相对分散独立的"原子化"状态，从而产生集体意识减退、个体孤立、人际疏离、道德解组、社会失范等问题。甚至在某种程度上类似如马克思所说的"是由一些同名数

---

①吴毅. 村治变迁中的权威与秩序：20 世纪川东双村的表达 [M]. 北京：中国社会科学出版社，2002：185.

②张守军. 中国古代的赋税与劳役 [M]. 天津：天津教育出版社，1991：7.

简单相加形成的，好像一袋马铃薯是由袋中的一个个马铃薯所集成的那样"①。如何通过一种社会空间或组织化形式重新把"原子化"的个体有机组合起来，使他们由以前的"机械团结"变为"有机团结"，是一个值得深思的问题。在面临突发性的自然灾害或社会危机时，国家权力依然保持着对个体强大的组织动员能力，从而有效调动民众身体实现国家意志。但另一方面，随着社会的发展，国家也逐渐改变了以前直接的权力路径，而是更多地通过医学、流行病学、公共卫生学等知识话语权力来塑造大众的身体。这也正是福柯所谓的"生命政治学"。之后，越来越多的民众走出村庄，进城务工经商，这不仅在一定程度上消解了困扰中国传统农业社会数百年的"内卷化"问题②，也使得他们的身体呈现出时间化、空间化、消费化等特征。

第三节
工厂劳作中的时间、空间与身体

在传统的社会理论中，对时间和空间虽然有一些零星的论述，但这种关注并没有获得应有的重视。所以，无怪乎布莱恩·特纳说：从某些方面来看，20世纪社会理论的历史是时间和空间观念奇怪的缺失的历史。③ 导致时间逐渐成为历史学的范畴，空间则归属地理学的领地。到了现当代社会，时间和空间则逐渐获得了人们的重视，并成为社会分析不可或缺的元素。

一、钟点时间中的身体支配

在传统社会中，人们对时间和空间并没有特别的认识，一般都过着

---

①中共中央马克思恩格斯列宁斯大林著作编译局. 马克思恩格斯选集：第1卷 [M]. 北京：人民出版社，1995：677.

②黄宗智. 长江三角洲小农家庭与乡村发展 [M]. 北京：中华书局，2006.

③布莱恩·特纳. Blackwell社会理论指南 [M]. 李康，译. 2版. 上海：上海人民出版社，2003：505.

"日出而作，日入而息；凿井而饮，耕田而食"的生活。或者说，人们对于时间的认识更多的是一种自然时间观。这种自然时间是可以观测到的，是感性的。它以人们对自然现象和天体（太阳、月亮）运行规律经年累月的观察和总结为基础，并以此来安排人类社会的生产生活。如根据太阳的运作周期一年分为立春、雨水、惊蛰、春分、清明、谷雨等二十四节气。这既是对自然现象的描述，也是对人类生产、生活实践活动的安排。

但是，由于现代性的影响，工业化的发展，城市空间的扩张，使得传统的自然时间逐渐被钟点时间所取代。黄金麟认为，钟点时间在中国的出场，最早可追溯到16世纪末17世纪初钟表输入中国。1557年，葡萄牙人开始在澳门居住、通商，西方的钟表开始传入中国。1601年，意大利传教士利玛窦向明朝的万历皇帝敬献了两个"自鸣钟"，引起了宫廷震动。利玛窦由此获得了皇帝的恩宠，并被允许在华从事传教活动。到了17世纪中后的清康熙时期，凡欧洲来的传教士也都带上几件西方的钟表献给中国皇帝或王公贵族，以寻求对其在华传教的支持。应该说，这时的钟表是仅供宫廷专用和贵族间相互馈赠的稀罕之物，其造价之昂贵，数量之少，使之不可能作为一般商品进入市场获得广泛的采用。鸦片战争后，钟表随着西方商品大量输入中国，国内也开始在新办工厂中自行生产手表，使得钟表的价格逐渐降低，并逐渐成为宫廷、军队、学校、工厂等场域广泛采用的计时工具。而民间则仍然以传统的计时工具为主。

当然，现代的钟点时间逐渐取代了传统时间而成为规训身体的主要因素之一，除了价格上的原因之外，也还存在历史、文化等方面的因素。首先，钟点时间的使用，使得时间可以被精准地计量，并能够均等地被划分为间隔相同的时间段，以便减小误差，更好地安排社会生活。这是传统的日晷、漏刻等计时工具无法达到的效果。其次，钟点时间在中国的传入和使用，并没有与人们传统的时辰观念产生根本性的冲突。因为钟点时间只是将时辰一分为二，将一天十二个时辰分成二十四个小时，这使得钟点时间为时辰提供了精确的计时基础，两者并行不悖。再次，钟点时间的广泛采用，和当时工业生产的蓬勃兴起和资本主义的扩张紧密相关。随着工业革命的发展，在工厂中以出卖劳动力维持生计的产业工人大量出现。钟点时间正好提供了准确计量工人劳动时间的有效工具，使得工人们劳动的身体成为资本家通过钟点时间进行理性计算的对象。正如马克思所认为的，

资本家通过延长工人的剩余劳动时间以获取剩余价值。韦伯在论述西方资本主义的兴起时也关注到了钟点时间对身体的驱使和利用。① 这种钟点时间下的身体境遇，在 19 世纪末 20 世纪初资本主义生产方式影响下的中国社会，也有类似的反应。如《中国工人阶级大百科》中记载到：

近代中国许多现代化工厂和矿山大都采用日夜两班，12 小时工作制。在少数厂矿中，如电厂、水厂、五金厂和开滦煤矿等还实行了三班制，每日劳动时间 8 小时。据有关资料综合统计，除极少数厂矿外，一个劳动日很少低于 10 小时，通常为 12 小时以上，最长的高达 13、14 小时甚至 15、16 小时。有些厂矿交通企业的劳动时间中包括中午和休息，一般都不超过 1 小时，大都 15~30 分钟，但也有些厂矿，特别是纱厂，没有规定吃饭或休息时间，工人们只能是一面照料着机器，一面吃饭，根本中间未有休息。

据上海《国民日报》《觉悟》副刊 1922 年 4 月 13 日报道："本埠杨树浦某英国纱厂的布厂是做十六点钟的工作（早上四点半进工，晚八点半放工），又每逢礼拜日，各纱厂加什么二五工、半工。二五工是先晚六点钟进工，次日十二点钟放工，这样简直超过十六点钟，做十八点钟的工了！"②

由此，可见钟点时间在当时已经普遍成为工厂这种劳动场域中管理和控制工人身体的主要计时策略。当然，在实际的生活场域中，人们的身体除了受到钟点时间的规训外，也受到生理时间（身体因饥、渴、疲劳等生理机能而形成的劳作、进食与睡眠的周而复始）、物理时间（随着日夜更替与季节交换对身体活动产生的影响）和其他社会时间（尤其在节日庆典、婚丧嫁娶等仪式性的活动中所形成的特定时间区隔）的影响。这说明："人的身体不只受到一种时间形式的规约，在这些事件的交相融入下，声称人是时间的产物，受到不同时间的约束和管控，并不是一个过度的宣示。"③ 同时，我们也应当明白，时间这样一种影响社会生活样态的因素，自古以来一直存在于中国社会，如中国古代社会的时辰、日晷、漏刻、钟

①黄金麟. 历史、身体、国家：近代中国的身体形成（1895—1937）［M］. 北京：新星出版社，2006：160-164.

②汝信. 中国工人阶级大百科［M］. 北京：中国国际广播出版社，1992：215.

③黄金麟. 历史、身体、国家：近代中国的身体形成（1895—1937）［M］. 北京：新星出版社，2006：146-147.

鼓楼（据记载，汉代已有"天明击鼓催人起，入夜鸣钟催人息"的晨鼓暮钟制度，到了唐代以后则改为晨钟暮鼓）等计时报时工具。但近代以来，受西方的影响，随着"世界时间"的输入，从而导致了传统时间观念的改变和身体规训样态的革新。这包括阳历的采用、耶稣纪年的应用和钟点时间的采纳。"它们的引入，不但意味着一种旧有时间观念的退位，同时也意味着一种新的、具有现代性色彩的时间意识与身体活动的出现。"这对理解近代以来时间观念的改变对身体规训所造成的影响，无疑具有十分重要的意义。①

在高度集体化的人民公社时期，人们的劳动、生活时间的安排具有高度的一致性。当时剑阁县人民公社对社员劳动实行"定额管理，评工计分"的方法。以一个中等劳动力一天能达到的农活数量和质量为一个标准劳动定额。对有劳动能力的社员按全劳力、半劳力和附带劳动力评定底分，作为个人评记工分的基础。具体的评记工分形式有：底分活评，依据社员当天完成的农活数量和质量，参照底分活评到人；底分死记，不论社员当天完成的农活数量和质量，凡出勤就按底分计分；个人计件，有定额的农活，按个人完成农活数量和质量评记工分；包工工分，如养牛、养猪，按头数给饲养员定工分，一年一定；计时工分，一日三考勤，出勤画○、缺席画×，以时计分。1973年推行大寨的评政治工分的办法，把"劳动定额"批为烦琐哲学而废止，评记工分流于形式。1976年后又恢复原评记工分的办法。②

当时，一天对劳动时间的安排基本是：

早晨起床后6点到8点先到地里干两个小时活（得1个工分）然后才回来吃早饭。要先集合了由队长派工，安排每个人今天具体做什么，派工完成后，去领农具，然后才真正到地里开始干活。早饭后，由（村的）土产部干部吆喝或者"敲梆梆"（即打钟），聚拢大家接着干。下午则是2点左右出工。忙的时候晚上还有加班。而且，如果农民出工迟到的话就要扣1分或半个工分，还要背毛主席语录、背老三篇（《愚公移山》《为人民服

①黄金麟. 历史、身体、国家：近代中国的身体形成（1895—1937）［M］. 北京：新星出版社，2006：148.

②四川省剑阁县志编纂委员会. 剑阁县志［M］. 成都：巴蜀书社，1992：408-409.

务》《纪念白求恩》)。按照评定工分标准，这时男人一般一天最高挣10分，女人一天8分。晚上有时则开会，开会时要先唱歌，如《东方红》《社会主义好》《解放区的天》等。然后背毛主席语录，背不到的人就要被扣半分。然后队长读报纸、讲政策、斗"地富反坏右"等。随后大家提综合意见，每个人轮流发言。一般回家睡觉的时候都晚上11、12点了。(访谈编号：LH-M-113)

也有论者注意到当时一些政治时间的标志，如"三八""五一""五四""六一""七一""八一""十一"等也嵌入村落社会的时空结构。劳作之余，开会、学习、运动等重新编制了村民的闲暇时间。[①] 这无疑表明在当时浓厚的革命氛围中，国家通过对日常时间的掌控来规制民众，使得时间具有一定的政治色彩，某些特殊时间甚至具有神圣性。在传统社会自然时间下的春耕、夏种、秋收、冬藏等活动，农民呈现出"半年忙半年闲"的身体节奏。而一旦这种自然时间被现代社会的钟点时间所置换，人们的日常生活则被精确化、理性化的钟点时间分割、支配和管理。[②]

改革开放后，钟点时间中的政治性逐渐淡化，而更多具有现实性和功利性。尤其表现在很多民工流动到工业发达的城市空间打工，自觉不自觉地接受着基于现代钟点时间基础上的严格管理。也就是说，现代社会对钟点时间的普遍化、权力化、功利化的使用和支配，使得民众的身体从"日出而作，日入而息"的自然劳作形式变为两班制、三班制的现代工业化劳作形式，形成一个与传统农业社会截然不同的身体规训样态。在这里，他们的工作流程和上下班安排都受到钟点时间明显的限定和理性计算。

1994年通过的劳动法第三十六条中对劳动时间做出了明确制度性保障。规定：国家实行劳动者每日工作时间不超过8小时、平均每周工作时间不超过44小时的工时制度。第四十一条又补充道：用人单位由于生产经营需要，经与工会和劳动者协商后可以延长工作时间，一般每日不得超过1小时；因特殊原因需要延长工作时间的在保障劳动者身体健康的条件下延长工作时间每日不得超过3小时，但是每月不得超过36小时。但实际上

----

①吴毅. 村治变迁中的权威与秩序：20世纪川东双村的表达 [M]. 北京：中国社会科学出版社，2002：334.

②张柠. 土地的黄昏：中国乡村经验的微观权力分析 [M]. 北京：东方出版社，2005：26-32.

则远非如此。剑阁县很多在广东一些服装厂上班的农民工反映，按照厂里的规定，他们一天要工作 12 个小时，早上 8 点到中午 12 点，下午 13 点到 18 点，晚上则是 19 点到 22 点。甚至周末不休，每个月末只放一天假。

我头几年在东莞一个玩具厂上班，厂子平时管得非常严。按照规定我们必须在早上 7 点 15 分到厂打卡，从 7 点半开始上班，11 点半下班。中间有 10 到 15 分钟的 1 次休息时间。11 点半到 1 点这 1 个半小时是吃饭和午休时间。下午 1 点开始上班，一直做到傍晚 5 点半。中间也有 10 到 15 分钟的 1 次休息。吃完晚饭后，6 点半又开始上班，晚上 10 点左右才下班。后边有 10 分钟左右的时间要打扫工作区的卫生，小组长总结当天情况或经理训话等。这样算下来我们一天大概要工作 11 个小时左右。记得有年冬天赶一批货，催得很急，我们晚上经常加班到凌晨 1、2 点，第二天早上还得照常上班。那次连续干了一个月没有休息，感觉非常累，整个人都要散架了。但是也不能随便请假，更不敢迟到、旷工，因为迟到一次罚 50 元，旷工一天罚 200 元。（访谈编号：ZJ-F-116）

这无疑说明，"钟点时间在现代社会的组织机制中居于核心地位，因此，也在构成这些组织机制的各种社会实践中居于核心地位。这类社会的核心是时间的空洞化，是对时间的计算发展成为抽象的、可分的、可以通用标准度量的"[1]。而且，随着工业化、城市化的发展，身体的这种时间化、钟点化的倾向也愈演愈烈。因为，钟点时间具有明显的社会性，它以理性计算为基础，以抽象的数字刻度为标识，以对自然时间的分段"切割"为手段，试图对实践活动进行精确、细化的计算，以便更好地调动和控制身体。

二、工厂空间中的身体管理

梅洛-庞蒂说："不应该说我们的身体是在空间里，也不应该说我们的身体是在时间里。我们的身体寓于空间和时间中。"这说明梅洛-庞蒂不是把身体作为空间和时间中的一种普通物体，而是把身体直接作为空间和时

---

①布莱恩·特纳. Blackwell 社会理论指南 [M]. 李康，译. 2 版. 上海：上海人民出版社，2003：506.

间关系中的构成物。中华人民共和国成立初期，国家废除了原有的户籍管理制度和地方保甲制度，允许民众在城乡之间自由流动。1958 年，随着整体经济形势的变化，国家颁布了《中华人民共和国户口登记条例》及随之建立起来的人民公社制度，严格限制农村人口流入城市空间。1964 年，国务院又提出两个"严加限制"的要求：即对从农村迁往城市、集镇的要严加限制；对从集镇迁往城市的要严加限制。并伴之以粮油、住房、教育、就业、医疗、养老等一系列辅助制度，对社会空间中的人口流动实行了严格控制。20 世纪 80 年代中后期，随着经济体制改革的实行，户籍制度开始松动。1984 年，国务院在《关于农民进入集镇落户问题的通知》中指出：凡申请到集镇务工、经商、办服务业的农民和家属，在集镇有固定住所，有经营能力，或在乡镇企事业单位长期务工的，公安部门应准予落常住户口，并及时办理入户手续。随后，户籍制度不断微调，使得大量的农民工逐渐能在城乡空间中相对自由地流动，形成了中国社会独特的民工潮。

剑阁县作为一个农业大县，当然也是劳务输出大县。近年来，全县组织的劳务输出人数稳定在总人口的四成左右。这种浩大的民工潮，使得无数民众从以前的传统乡村空间流动到现代都市空间，从田间地头的农业生产空间流动到工业生产的空间。农村社会的传统空间是自给自足的空间体系，是地理空间和血缘空间的重叠，这种重叠决定了其内部空间秩序与家族秩序的一致性。作为国家权力的形式，行政力量是传统空间的异质性因素。它的强行介入，将原本自足的空间体系，变成了一个陌生的权力等级链条，并把传统空间进行重新建构。[①] 当农民工从一种充满安全、信任的传统空间转移到完全陌生的城市空间时，在工作和生活中遇到的种种障碍和壁垒使他们感到孤独、苦闷、无助、缺乏信任感和亲情感。[②] 尤其是面对现代企业空间的具体情境和严格的规训纪律时，他们更是感到身心疲惫、缺少自由和备受约束。

我们工作非常辛苦，一天要在车间干十二个小时左右。在这里两人不

基层社会现代性发展中的身体建构

身体与秩序

132

---

①张柠. 土地的黄昏：中国乡村经验的微观权力分析［M］. 北京：东方出版社，2005：44.

②潘泽泉. 社会、主体性与秩序：农民工研究的空间转向［M］. 北京：社会科学文献出版社，2007：402.

能随便说话，不能休息，也没办法偷懒。因为实行计件工资，工作量和工资直接相关，而且监工不断地来回走动，把你盯得很紧，还有很多摄像头随时监视着我们的一举一动。下班后必须按时回到生活区，吃饭、洗澡和睡觉都有时间限定。更不能随便出厂。公司外面有很高的围墙，门口有保安和摄像头。但工作不好找，为了赚钱也没办法。（访谈编号：LXY-M-118）

这种工厂空间中的身体遭遇和规训策略，与福柯的相关论述不谋而合。与列斐伏尔侧重从社会的角度分析空间，强调空间与社会、历史的联系不同，福柯侧重从权力的角度分析空间，强调空间与身体、知识、权力之间的相互关系。他认为，空间不是以前人们所认为的僵死的、刻板的、静止的，而是有生命力的、丰富的、具有生产性的。"空间是任何公共生活形式的基础，是任何权力运作的基础。"① 身体直接卷入某种政治领域，"权力关系直接控制它，干预它，给它打上标记，训练它，折磨它，强迫它完成某些任务、表现某些仪式和发出某些信号"。这种对身体的政治干预，与对身体的经济使用紧密相连。也就是说，一方面，身体只有作为一种生产力才会受到权力支配关系的影响，另一方面身体也只有在被征服时，它才能表现为一种劳动力。所以，对于权力而言，身体只有在既具有某种生产能力又能被驯服时，它才能成为一种有用的力量。②

所以，在现代工厂的空间体系中，对农民工的身体规训的主要技术策略是：（1）空间配置和时间安排。即生产必须要在工厂这个特定、封闭的空间中进行。依据协同分工原则，明确分配每一个个体的空间位置和对等的权利义务，并对具体的身体动作和技能作出明确的时间规定，从而维持工厂内有效的生产生活秩序。而且，个体在空间结构和权力体系中的位置是不断变化和流动的，根据个体工作的表现决定晋升和去留问题。（2）层级监视。工厂的建筑结构和空间体系有利于对个体实施密切、持续、有效的监视。监工、摄像头、围墙、保安等构筑了严密的监视网络，观察着个体的一切动向。正如福柯所说："权力'物理学'对肉体的控制遵循着光

①包亚明. 后现代性与地理学的政治 [M]. 上海：上海教育出版社，2001：14.

②米歇尔·福柯. 规训与惩罚：监狱的诞生 [M]. 刘北成，杨远婴，译. 北京：生活·读书·新知三联书店，1999：27.

学和力学法则而运作，即玩弄一整套空间、线条、格网、波段、程度的游戏，绝不或在原则上不诉诸滥施淫威和暴力。这是一种更为微妙的‘物理’权力。"① （3）规范化裁决。在工厂的空间体系中，面对个体身体的种种不规范的行为表现，工厂依据规章制度对个体进行规范化的裁决，对个体的身体表现进行比较、区分、辨别、矫正、排斥等，进而标示出个体在整个空间体系中类属、地位和等级权利等。总之，现代性将农民工的身体从传统农村的空间和时间体系中"抽离"出来，使他们在现代都市空间中获得更多生活自由的同时，也在工业化生产的空间体系中遭遇到更多的规训。这种规训所达到的效果就是生产出既驯服又具有生产性的身体。

对身体的空间处置及其中体现出来的规训权力，也表现在 SARS 等流行病暴发时对身体的处置中。在这个过程中，医院代替了国家权力来实施对身体的规训。医院利用现代医学、流行病学的知识，根据身体的各种临床表现，区别出正常的身体与患病的身体。进而强制性地将患病的身体隔离在一个封闭的空间内，每个身体时刻都被记录、观察、隔离、分类、治疗和存档。从而产生出一种新的医疗空间，进而形成一种政治空间。"它倾向于区别对待各个身体、各种疾病、症状，各种生与死。它构成了一个将各种单一物平行分列的真实表格。"② 在这里，患者和普通人虽然在空间上是被隔离的，但是他们因此却前所未有地谈论和关注着同一件事情，进行着同一种身体预防或治疗，拥有同一种情感，进而在社会空间中形成"充满悖论的共同体———一种隔离、分散和不往来的共同体"③。而且，这种医学话语作为当代社会一种强势的科学话语急剧膨胀，形成了"医学专制"控制着每一个人，它一方面通过倡导适当运动与合理饮食建构起健康的身体，以适应工业生产体系的需要；另一方面又通过各种体检区分出病患的身体，把它们拒斥在主流社会之外。④ 这也是一种典型的"生命政治学"。

①米歇尔·福柯. 规训与惩罚：监狱的诞生 [M]. 刘北成，杨远婴，译. 北京：生活·读书·新知三联书店，1999：200.

②米歇尔·福柯. 规训与惩罚：监狱的诞生 [M]. 刘北成，杨远婴，译. 北京：生活·读书·新知三联书店，1999：164.

③汪民安. 身体的文化政治学 [M]. 开封：河南大学出版社，2004：259.

④葛红兵，宋耕. 身体政治 [M]. 上海：上海三联书店，2005：146.

第四节
消费主义与身体

如前所述，20 世纪 70 年代后期以来，中国社会进入改革开放的新时期。市场机制和工具理性的逻辑逐渐取代了以往国家权威和价值理性在日常生活中的主宰地位，社会生活更加自主化、多元化。在身体上则表现为组织化的身体观演变为个体化的身体观，即在浓烈的革命氛围中附着在身体上的神圣、理想等一系列价值符码趋于消解，而被赋予了更多的现实生活的意涵。逐渐兴起的市场经济和消费主义日益侵蚀着身体，并借助发达的传媒力量，把身体塑造为欲望的工具和消费的载体。这从剑阁县人的衣着装束的变迁中可见一斑。《剑阁县志》对新中国成立初期人的衣着装束有如下记载：

男的普遍穿中山装、军干服、西装、衬衣、工作服、学生服等。女装样式很多，流行西装、中式西装、中式短衫、各式衬衣、连衣裙、旗袍。男女穿各式毛线衣和大衣、绒衣等。后来，服装衣料质量提高，花色品种增多，由一般棉织品向丝织品、毛织品和化纤制品发展。在"文化大革命"时期，服装款式单一，颜色单调。1979 年以后，服装款式繁多，有男女西装、牛仔裤、喇叭裤、筒裤、马裤、窄脚裤，女用各式裙子，四季服饰不同。儿童服装样式更是丰富多样。男女发型、穿戴亦多种多样。除有少数老年人包帕子外，戴瓜皮帽、穿草鞋的已少见，代之以纯毛料和化纤料的干部帽、鸭舌帽、风帽、解放军帽、各种围巾和皮鞋、布鞋、胶鞋、水鞋、塑料凉鞋、旅游鞋、保暖鞋、丝袜、尼龙袜等。青年妇女爱美，讲打扮，戴耳环、项链、手镯，烫各种发型，抹胭脂，擦口红、染指甲等已成为许多妇女的生活内容。①

一、消费主义的兴起

消费主义兴起于 20 世纪 30 年代的美国社会。当时的美国政府为保持

---

①四川省剑阁县志编纂委员会. 剑阁县志 [M]. 成都：巴蜀书社，1992：876.

经济增长，大量刺激消费。第二次世界大战后，美国的消费主义不断发展和日益成熟。并于20世纪五六十年代开始向欧洲社会扩展，并通过大众传媒逐渐渗透到全世界，产生了广泛的影响。因此，不同的研究视角和理论对其有不同的称谓："美国化""西方文化帝国主义""可口可乐化""麦当劳化"或"消费文化"等。① 但它们所关注的都是在物质生活资料比较丰富的工业社会、后工业社会这种大的社会环境中人们的消费行为。虽然消费一直以来是人类社会存在和发展必不可少的重要组成部分。但是，在当代的消费主义中，消费逐渐成为许多人生活的目标；消费已经不仅仅停留在关注消费对象本身所具有的使用价值上，而是更加关注这种消费对象在超越物质形态之上所承载的社会文化、符号意涵等象征价值方面的内容；也关注这种消费行为本身所起到的标示个性、塑造自我、产生身份认同等方面的显著作用。而且，消费涉及快乐体验和身体享受的追求，但这种快乐具有短暂性和易变性，使得人们的消费欲望不断膨胀，表现为对新奇产品和时尚体验的无尽追求。②

消费主义的兴起，一般有经济、思想、传媒、心理等方面的原因。第一，从经济上来看，这是人类社会生产力持续发展的结果，尤其是工业革命以来生产力飞速发展、生活资料相对丰富的结果。使得整个社会的生活水平都有了很大的提高，这为消费主义的盛行提供了必不可少的物质基础。第二，当今社会，资本主义的"经济冲动力"即不断追求最大利益的贪婪攫取性仍在不断亢奋时，其禁欲苦行的"宗教冲动力"却逐渐消解。使得勤俭、节约等消费观念受到了巨大冲击，人们更加注重消费，贪图享乐。第三，从传媒因素来看，无论是出于意识形态的需要，还是利益集团的推动，现代社会发达的大众传媒无时无刻不在向人们进行各种物质刺激和享受培养，这无疑对消费主义的产生与扩展起到了推波助澜的作用。第四，现代社会的消费已经超越了单纯的物质满足自身，在一定程度上也成为人们追求自由、个性乃至一种特立独行的生活方式的表达方式之一。人们在关注消费对象使用价值的同时也关注起其象征价值，以此作为消费者

①陈昕. 救赎与消费：当代中国日常生活中的消费主义 [M]. 南京：江苏人民出版社，2003：66.

②王宁. 从苦行者社会到消费者社会 [M]. 北京：社会科学文献出版社，2009：312.

地位的象征。当然，人们追求时尚的从众心理和贪慕享受的攀比心理，也推动了消费主义的发展。有学者则把消费主义产生和兴起概括为"资本操纵论""社会攀比论"与"国家让渡论"。①

对消费主义所持的理论态度，可以分为自由主义和批判主义两种。自由主义把消费主义视为资本主义现代性的重要组成部分，是现代社会发展的必然结果。消费成了个体标示自我的有效手段，"我消费故我在"。斯克莱尔（Leslie Sklair）将消费文化在全世界的扩散视为资本主义的文化——意识形态。认为它通过向人们宣扬消费主义文化，并和政治层面的资产阶级、经济层面的跨国公司一起推进全球化的进程。这种全球化的实质正是资本主义体系向世界范围的扩张，从而建构一种资本主义"世界体系"。因此，消费主义藉鼓励人们大力消费而产生一种新的生活方式，并体现出权力与支配、规训与服从的关系。里茨尔（George Ritzer）认为消费主义是西方理性化不断发展的必然结果。从而造成了当今社会的"麦当劳化"：即麦当劳的高效性、可计算性、可预测性和可控制性等原则正在深刻影响着美国和世界其他社会，并逐渐成为人们追求的一种普遍的生活方式。② 这实际上是工具理性对人类社会的全面渗透与控制。将消费社会视为后现代社会的理想模式。鲍曼认为当代西方社会的本质是消费社会，是"消费者合作社"。符号化的消费赋予消费以意义，"符号的空壳充满了意义"。但消费者在消费中却缺少选择的个性与自由，"自由选择的本质是努力废除选择"。由此导致消费者欲望的"永久不满足被发现了"。③

与此相反，批判主义则对消费主义进行了无情的批判，视消费社会为异化的产物。尤其是以西方马克思主义者卢卡奇和马尔库塞为代表。受马克思的"异化"理论、韦伯的理性化理论和齐美尔的"文化悲剧"理论的影响，卢卡奇认为，消费主义也是一种异化状态，人们虽然通过对商品的消费来展示自我。但是，这不仅使得人们无意识地受到了潜藏在消费主义

①王宁. "国家让渡论"：有关中国消费主义成因的新命题 [J]. 中山大学学报（社会科学版），2007（4）.

②乔治·里茨尔. 社会的麦当劳化 [M]. 顾建光，译. 上海：上海译文出版社，1999：16—20.

③齐格蒙·鲍曼. 后现代性及其缺憾 [M]. 郇建立，李静韬，译. 上海：学林出版社，2002：166—170.

中的意识形态的影响，也使得人被客体化。即在消费主义中，人与人之间的关系变成了物与物之间的关系。使得人被物所奴役，人完全被"物化"。也导致社会总体性的消失，人被孤立化、原子化。[1] 马尔库塞认为当代社会已经不是传统意义上的物资匮乏社会，而是"丰裕社会"。当代资本主义成功地创造出一种美好的生活模式和消费方式，使得人们变成缺乏批判意识，而只会肯定和维护现实的"单向度的人"。而且，当代消费社会也是一个新型的封闭社会。因为在成功压制社会中的批判性和超越性意见后，普遍化和标准化成为消费社会的明显特征。使得为了特定社会利益而从外部强加在个人身上的很多消费都是"虚假的需求"，但其中的人们却身处而不自知。[2] 因此，马尔库塞认为必须改变这个满足虚假需求的消费社会。鲍德里亚（Jean Baudrillard）认为，当今社会是一个消费社会。"今天，在我们的周围，存在着一种由不断增长的物、服务和物质财富所构成的惊人的消费和丰盛现象。它构成了人类自然环境中一种根本变化。恰当地说，富裕的人们不再像过去那样受到人的包围，而是受到物的包围。"[3] 但消费的已不再是一个纯粹的商品，更多的是其代表的符号价值和象征意义。消费的符号化也带来身体的符号化。同时，大众传媒也通过传递消费信息、符号、代码和拟象（simulacra）对消费行为施加影响，潜藏在消费背后的社会制度、文化价值甚至权力也正是透过这种形式，控制着社会生活中的每一个人。鲍德里亚由此展开对消费社会的批判。

如前所述，消费主义发端于西方的资本主义社会。借着当今全球化的浪潮不断地向世界范围扩散。具体到中国社会而言，是否也同西方社会一样进入了消费社会呢？就目前来看，虽然自改革开放以来，我国居民消费的总体水平有了显著提高，呈现出消费主义的某些倾向，但是还没有进入西方所谓的消费社会。或者说，在西方消费主义和大众传媒的影响下，我国现阶段的部分消费群体的确在追求类似于西方发达国家的高消费生活方

①卢卡奇. 历史与阶级意识［M］. 杜章智，任立，等，译. 北京：商务印书馆，1996：143-177.

②赫伯特·马尔库塞. 单向度的人：发达工业社会意识形态研究［M］. 刘继，译. 上海：上海译文出版社，1989：6.

③让·鲍德里亚. 消费社会［M］. 刘成富，全志钢，译. 南京：南京大学出版社，2000：1.

式，在进行消费选择时对商品象征价值的追求超过了其使用价值，甚至热衷于高档耐用消费品。但从总体上来说，中国社会的生产力发展程度还没有达到西方消费社会的水平。因为消费社会是建立在充分发展的工业化、城市化基础之上的，不仅是社会绝大部分成员的收入和消费水平都要达到较高的水平，而且消费取代了生产成为社会生活的主题，人们消费的不再是纯粹的商品，而是其所代表的符号和象征意义。

二、消费主义作为新的身体规训

当代消费理论的主要奠基者鲍德里亚关注到消费社会的来临对身体造成的巨大影响，他认为，"在消费的全套装备中，有一种比其他一切都更美丽、更珍贵、更光彩夺目的物品——它比负载了全部内涵的汽车还要负载了更沉重的内涵。这便是身体。在经历了千年的清教传统后，身体在广告、时尚和大众文化中完全出场，人们给它套上的卫生保健学、营养学、医疗学的光环，时时萦绕在心头的对青春、美貌、阳刚/阴柔之气的追求，以及附带的护理、饮食制度、健身实践和包裹着它的快感神话"使得身体成为了这个消费社会"最美的消费品"。①

在消费社会，虽然人们的消费行为是对各种差异性符号系统的消费，是各种标榜个性的独特消费，是纷繁芜杂的"混乱领域"。但正如鲍德里亚所认为的，表达个性差异的符号差异却被工业化和商业化的生产体系垄断和集中了。那么，这种差异性是如何被垄断的呢？"它们之所以可以共存，恰恰是因为差异并不是真正的差异，它们并没有给一个人贴上独特的标签，相反它们只是标明了他对某种编码的服从、他对某种变幻的价值等级的归类。"因此，无论消费者怎样在消费中进行自我区分，"实际上都是向某种范例趋同，都是通过对某种抽象范例、某种时尚组合形象的参照来确认自己的身份，并因而放弃了那只会偶尔出现在与他人及世界的具体对立关系中的一切真实的差别和独特性"。② 这种差异性不再具有将个体区分

---

① 让·鲍德里亚. 消费社会 [M]. 刘成富，全志钢，译. 南京：南京大学出版社，2000：138.

② 让·鲍德里亚. 消费社会 [M]. 刘成富，全志钢，译. 南京：南京大学出版社，2000：81-82.

开来的"排他性",而是变成了互为诉求的"交换材料"。因此,消费"是一种主动的集体行为,是一种约束、一种道德、一种制度。它完全是一种价值体系,具备这个概念所必需的集团一体化及社会控制功能。消费社会也是进行消费培训、进行面向消费的社会驯化的社会——也就是与新型生产力的出现以及一种生产力高度发达的经济体系的垄断性调整相适应的一种新的特定社会化模式"。①

在这个程度上,我们可以说,消费主义是一种新的身体规训形式。因为与传统的学校、医院、监狱、工厂、军营等规训场所相比,消费场域的身体规训是"一种完全不同的系统,一种更加非官方、非制度化的系统",是来自国家权力之外的市场体系的规训,在很大程度上也是消费者在社会生活情境中自愿接受的规训。"因为它意味的确实是消费——对人际关系、对团结、相互性、热情以及对以服务形式标准化了的社会参与的消费——这是一种对关切、真诚和热情的持续性消费,然而当然也是对这种独有的关切符号的消费——这种关切对于身处一个社会距离及社会关系紧张成为客观规律的体系中的个体来说,比起生理上的进食来,更是他维持生活所需要的。"②

消费社会这种新的身体规训形式,对身体的规训主要表现在充分利用非常普遍的电视、网络等大众媒介和铺天盖地的广告,进行消费主义文化、价值观念的灌输和消费话语引导,倡导人们对身体的维护和保养,进而塑造一种符合消费主义的、理想的身体形象,使得人们以此为标准来改造自己的身体。费瑟斯通在《消费文化中的身体》一文中认为,消费文化中对身体的维护和保养主要体现在两个维度:"内在的身体"和"外在的身体"。这种对外在身体的关注,在莫斯的"身体技术"论、帕克的人类生态学、戈夫曼的日常生活中的自我呈现、福柯的权力知识与规训、吉登斯的现代性理论,以及近年来的身体美学中都有相关的表述。因为在社会互动中,身体外在表现及它留给互动者的印象,都是十分重要的。而且,这种内在身体和外在身体的追求在消费文化中达到了统一。

因此，身体的地位是一种文化事实，身体关系的组织模式反映了事物关系的组织模式及社会关系的组织模式。它也是人们在社会实践中社会心理的复杂表现。在当今社会浓烈的消费主义文化中，身体不再是宗教伦理中有原罪的、必须禁欲苦行的肉身，也不再是工业社会中一直关注生产的劳动力资源，而是自我享乐的工具和欲望的载体。在消费主义文化中，尤其对于女性而言，美丽犹如"宗教式绝对命令"，并成为女性基本的、命令性的身份标识和个人资本的象征符号，使得她们必须像保养灵魂一样维护面庞和身材。美丽的逻辑如同时尚的逻辑一样，都是将"身体的一切具体价值、（能量的、动作的、性的）实用价值向唯一一种功用性交换价值的蜕变"。它将光荣的、完善的身体观念、欲望和享乐的身体观念抽象化、概括化为一个具体体现着的符号。①

这样看来，在消费主义的深层机制中，从保健到美容，从运动到时尚，身体的解放和"重新发现"都要经过消费物品来显示。当追求"美丽"的女性身陷按摩、疗养、香水、护肤品而不能自拔时，那么，真正解放了的并不是身体，而是其消费、购物的冲动。"作为符号的身体和消费品在理论上的等同造成了事实上的奇妙等同。"这就使得身体与消费的物品"同质"。② 所以，身体在消费主义文化所倡导的自我解放的过程中，不自觉地又被消费主义文化奴役乃至"异化"。

三、消费主义对身体的规训策略

如前所述，西方社会在经历了千年的清教传统和禁欲苦行主义之后，身体作为解放人的符号逐渐被人们重新发现。在消费主义文化的影响下，人们充分地追求欲望满足和身体享乐。与之类似，中华人民共和国在经历了严格的身体禁欲、抑制消费和"神圣化激励"后，国家在改革开放的进程中逐渐减少了对社会生活领域的直接干预，使得社会氛围变得相对"去政治化"、个体化、自主化和生活化。加之社会整体生活水平的提高和西

---

①让·鲍德里亚. 消费社会 [M]. 刘成富，全志钢，译. 南京：南京大学出版社，2000：143.

②让·鲍德里亚. 消费社会 [M]. 刘成富，全志钢，译. 南京：南京大学出版社，2000：146.

方消费主义文化的影响，人们不再过多地关注"意识形态"等"宏大叙事"，转而专注于生活世界中的享乐和消费，关注对身体的物质刺激和感官享受。

这使得人们对身体的关注，尤其是对外在形象的关注超过了以往任何时代；人们对身体的展示或暴露程度也超过了以往任何时代；这种对身体的重视，还直接导致了一大批"身体工业"的出现：服装、美容、化妆品、饮食、健身、娱乐、休闲等维护和保养身体的产业纷纷崛起。① 乃至于随着医学科技进步而出现的外科手术、器官移植、基因工程、克隆技术和干细胞研究等，都对具有可塑性的身体产生了越来越重要的明显影响。正如美国历史学家克恩（Stephen Kern）所言：我们的时代是一个痴迷于青春、健康与外表美丽的时代。电视、电影图画和占主导地位的视觉媒体不断地提醒我们，优雅自然的身体和面带笑靥的脸庞，是获取幸福至关重要的因素。在这一过程中，消费主义对身体的规训策略主要体现在以下几方面：

首先，建构理想的身体形象。以女性身体形象为例，第四章曾提到过的，在20世纪五六十年代那个激情似火的理想年代，以劳模郭凤莲为代表的"铁姑娘"的身体形象是：

梳着两个整齐的马尾辫，或剪着齐耳的短发，黝黑饱满的脸庞，威武坚定的目光，粗壮的手臂，宽阔的肩膀，壮硕的腰身，蓝灰色的衣着。在这里，对个人情感避而不谈，任何肯定女性身体美（秀发、肌肤、身材等）的展示都被斥之为"臭美""资产阶级小姐"或"浪荡堕落的女人"。

她们这种身体装扮，是因为在那个特殊的时代背景下，国家与社会大力宣扬勤俭节约、艰苦奋斗的精神，并贬斥任何形式的身体享乐。而1985年第2期的《中国妇女》介绍了新时期的"穿金戴银的女劳模"：

她的发型相当考究，耳根上缀着两颗溢彩流光的耳环，颈脖下挂着金光熠熠的项链，手腕上吊着一条小巧玲珑的金手链，右手无名指上套着一枚引人注目的金戒指。

这表明，随着政社分开的推进和市场经济的发展，国家逐渐退出对私人生活领域的限制，鼓励人们进行消费。消费者在收入增加和消费欲望的

① 周宪. 读图，身体，意识形态［M］// 汪民安. 身体的文化政治学. 开封：河南大学出版社，2004：139.

道德禁忌被打破的情况下，能够消费，也愿意消费。人们既善于创造财富，也懂得享受生活。这无疑是身体的个体化过程，也是身体的"脱魅"、解放的过程。而且，"在消费文化中，人们宣称身体是快乐的载体：它悦人心意而又充满欲望，真真切切的身体越是接近年轻、健康、美丽、结实的理想化形象，它就越具有交换价值"。①

当然，消费主义也影响到了普通劳动者的身体：

我刚到厂子里上班的时候，穿的都是从农村老家带来的几套衣服。平时在家里穿着还可以，到外边一穿就感觉有点落伍。发工资后，就和几个老乡去商场买了几件衣服，还买了些简单的化妆品，把自己打扮了一下。这些我自己都不会，是（老乡）她们教我的。平时也看电视里面的那些人穿什么样子的衣服比较好看，自己跟着学。但挣钱太少，没法像她们那样消费，就经常买一些新的款式、便宜的衣服，穿上觉得也还可以。（访谈编号：WQF-F-120）

朱虹也曾对都市里的打工妹的身体装扮有过详细的描述：②

松糕鞋、宽口裤脚、臀部和大腿收紧的牛仔布长裤，或长度在膝盖以上的A字短裙，从裙装少女松糕鞋上一目了然地可以看到白色或粉色有动物或几何图案的棉袜，色彩图案不一的T恤衫，双肩背篓包，齐耳短直发、马尾巴上束上人造花或丝带，常常可见头发染成黄褐色的少女。她脚上穿着一双质地精良的平跟波鞋，浅灰色棉质休闲长裤，长袖一字领T恤，双肩背囊。头发披在肩上，看得出做过今年流行的离子直发并修剪成时髦的长碎。

可见，人们的身体形象已经发生了显著的变化。之前的时期注重劳动、奉献，所以多以劳动者的身体为理想身体形象，其关键词是黝黑、壮硕、结实、纯朴、去个性化等。而"消费社会"注重消费、享乐，人们则以演艺明星、青春偶像、时装模特等的身体为标准建构理想的身体形象，其关键词是美白、苗条、健康、靓丽、个性化等。就连男性的身体形象也从以前的雄壮伟岸、粗犷豪迈、果敢坚毅转变为清秀俊朗、气质阴柔、温

脱嵌与再嵌：现代性重塑中的身体再造 第五章

143

---

①迈克·费瑟斯通. 消费文化中的身体［M］//汪民安，陈永国. 后身体：文化、权力与生命政治学. 长春：吉林人民出版社，2003：332.

②朱虹. 身体资本与打工妹的城市适应［J］. 社会，2008（6）：160.

文尔雅、谨慎恭顺的"花样美男"。甚至认为这种略带女性化的长相容易给女性带来充满爱心、关怀、细腻、温暖的感觉。

其次，大众传媒的宣传与鼓动。在这个过程中，现代大众传媒无疑起到了十分重要的作用。电视、广播、网络、报纸等媒介通过选美、健身、广告、养生等节目、商业广告和身体展示，用科学为借口，以健康为名义，拿美丽和个性为噱头，向人们大肆宣扬消费文化所倡导的美好的生活方式和舒适的身体享受，宣扬重视身体、关爱身体、美化身体的诉求。使得长久以来被意识形态和道德观念压抑与禁锢的身体欲望都喷薄而出，在消费主义文化的浪潮中争相凸现。并塑造出青春靓丽、高挑白皙、时髦前卫、仪态万方、楚楚动人的理想的身体形象，时刻提醒着人们自我的身体形象与这个标准既有差距，又能通过有效的手段进行身体维护以缩小这种差距，从而获得理想身体所象征的社会身份、社会地位与生活方式。正如吉登斯所言："在高度现代性的时代，远距离外所发生的事变对近距离事件以及对自我的亲密关系的影响，变得越来越普遍。在这方面，引述或电子媒体明显地扮演着核心的角色。从最初的书写体验开始，由媒体所传递的经验，已长久地影响自我认同和社会关系的基本组织。伴随大众传媒尤其是电子传媒的发展，自我发展和社会体系之间的相互渗透，正朝向全球体系迈进，这种渗透被愈益显著地表达出来。"[1]

再次，身体改造技术的标准化与普遍化运用。"身体技术"这个概念来自于著名的人类学家和社会学家莫斯（Marcel Mauss）。他认为，身体技术是指人们在不同的社会中，根据传统了解使用他们的身体的各种方式。[2]在这里则指理想的身体形象被确立之后，运用各种工业化技术来塑造身体、维护身体和保养身体的手段，以尽量地达到理想的身体形象。如护肤、化妆、整容、健身、养生、服装、形象设计、饮食控制等。而且，在市场机制的运作下，诸多的身体改造技术不断被发掘出来，从而把大众传媒塑造的理想的身体形象推向标准化和普遍化。成为这个消费主义文化氛围中人人争相追逐的身体规范，形成一种"身体美学"。这种身体规范给

①安东尼·吉登斯. 现代性与自我认同 [M]. 赵旭东，方文，等，译. 北京：生活·读书·新知三联出版社，1998：5.

②马塞尔·莫斯. 社会学与人类学 [M]. 佘碧平，译. 上海：上海译文出版社，2003：301.

一切身体贴上美丽、丑陋标签的同时，也赋予了个人不同的象征符号。

也可以说，消费主义文化通过不断地修订、提炼和聚合，制定出一套身体美学的普遍标准。通过大众传媒的广泛宣扬，使得人们把自我的身体形象与理想身体标准进行比较和对照，使得个人形成一种心理上的落差与不安，进而产生要改变自我形象的认知与焦虑。这便是身体消费产生的内在动因。大众传媒又极力向消费者推销美体、塑身、整容、运动等一些看起来"行之有效"的身体技术，提供了身体标准化、美学化的外在条件，不断诱惑消费者以此来重塑身体、改变自我，从而创造了一个巨大的身体消费市场。

按照西美尔的看法，现代性的本质是人们对于生活世界的主观感受与心理体验。在货币经济逻辑和工具理性的日益奴役下，人类社会正在面临着现代性的危机——"文化悲剧"：从理想状态来看，客观文化（指人们在社会活动中创造的一切成果）和主观文化（指社会个体创造、控制、吸收、理解各种客观文化的能力）是辩证统一的。但在现代社会，一方面，客观文化一经产生，就逐渐具有自身的独立性，它超越了创造者的控制，凭借独特的规律性急速增长；另一方面，社会个体创造、吸收和控制客观文化的能力却在低速前进，甚至不断萎靡。所以，客观文化对主观文化越来越具有压倒性的优势，渺小孱弱的个体在客观文化的汹涌澎湃面前常常手足无措，彷徨四顾，从而造成个体的压抑、特性的消亡、自我的迷失。我们距离海德格尔所说的"诗意的栖居"已经渐行渐远，在现代社会殿堂的大门上，应该刻上这样几个字："忧郁的栖居者"。① 而在消费主义影响下，通过对身体消费，人们卷入到现代性浪潮中，并获得了独特的现代性体验。同时，人们也把身体消费这种时尚行为，当做应付日常生活压力的策略，表达着他们对现代社会压力的逃避与反抗。

当身体问题和消费主义日益紧密地结合在一起的时候，我们有必要保持一份警醒与不安。因为消费主义文化在解放以往附着在身体上的束缚与遮蔽、给身体的展示与交往带来自由的同时，也因身体美学的标准化和普

---

①齐奥尔格·西美尔. 时尚的哲学 [M]. 费勇，吴睿，译. 北京：文化艺术出版社，2001：120.

遍化运作，不可避免地带来了对身体的压制和暴力。[①] 在身体愈加鲜艳、美丽、多彩的背面，是消费文化、工业生产、技术理性共同实施对身体的规训，使之再嵌入这种新的规训权力网络中。这种身体规训，不再以暴力手段为支撑，而是通过所建构身体"理想类型"的吸引和同化，使得个人主动接受这种新的规训机制并越陷越深，可能造成其日常生活"物化"和主体性丧失。

①周宪. 读图，身体，意识形态［M］∥汪民安. 身体的文化政治学. 郑州：河南大学出版社，2004：144.

第六章

赋魅与祛魅：
现代性发展中的身体建构与基层秩序

前几章主要研究了我国现代性进程中不同时期的身体建构状况。其实，在这些身体建构表象的背后，是现代性、国家和身体三者之间复杂纠葛的关系。国家对身体进行规范、训练和塑造的种种策略，也是现代性蕴含的理性与自由这两个基本维度在身体上的具体体现。而在具体的场域和社会实践中，人并不是纯然的被动接受者，他也利用相应的惯习和资本，采取各种策略以顺应或抗拒这种规训，以寻求人的自主性和主体性。本文着重考察了对身体规训和建构起到显著影响的两种力量，一个是国家力量，另一个则是源自西方的现代性。正如杜赞奇（Prasenjit Duara）所言，20世纪的中国农村，有两个巨大的历史进程：一是受西方入侵的影响，乡村的经济方面发生了一系列变化；另一个就是国家竭尽全力，企图加深并加强对乡村社会的控制。①

在传统社会中，皇权不下县政，对身体起到规训和建构作用的主要是传统的家族、宗族的力量。近代以来，尤其是清末民国以来，国家权力逐渐实现对社会的全面渗透，形成"全能主义"，直至中华人民共和国时期达到巅峰状态。强大的国家力量运用各种经济资源、政治资源、文化资源和宣传资源，如户籍制度、单位制度、人民公社制度等措施，让国家的权力影响着每一个个体，以充分规范、训练和调动他们的身体资源，为国家建设和价值理性服务。使得身体从传统的家庭、道德伦理的束缚中解放出来，置于国家化、结构化的境地。而在1978年改革开放之后，市场体制和工具理性的逻辑逐渐取代了国家权威和价值理性在日常生活中的主宰地

147

①杜赞奇.文化、权力与国家：1900—1942年的华北农村 [M].王福明，译.南京：江苏人民出版社，2008：1.

位，身体在个体主义、消费主义等思潮影响下逐渐沦为追求物质刺激和感官享受的载体。身体刚从国家力量和生产主义的规制中挣脱出来，又陷入了市场机制和消费主义的网络。

这种不同时代的身体境遇，更深层次的是受到现代性的影响。源于17世纪西方启蒙运动的现代性传入中国之后，有力地冲决了封建的罗网，对身体的解放、发展产生了深远的影响。但另一方面，现代性也带来了不可避免的问题，如马克思所批判的"劳动的异化"和"商品拜物教"，韦伯所忧虑的工具理性对价值理性的凌驾以及在科层制"牢笼"中现代人的悲惨命运，弗洛伊德认为现代性对人的压抑是人类文明的必然代价，埃利亚斯关注在现代文明化的进程中身体不断被社会化、理性化的过程，福柯认为现代性的发展就是话语和权力对"个人身体"和"人口身体"进行不断规训和惩罚的过程。那么，在中国社会变迁的过程中，现代性的这种影响也是类似的。正如黄金麟所说：现代性的发展和输入，的确让身体经历了某些前所未有的"自由"和"快乐"，让身体得以摆脱传统伦理与秩序的专断统治进入一个新的发展纪元。但是，我们也不得不承认，现代性及其所产生的认知框架已经变成一个类似库恩所说的范式，主导着身体的发展和评价。这种认知形式和其所包含的潜在危险，从20世纪初叶以后就逐步在侵吞着中国人的身体。这种无意识的身体发展形式到目前为止并没有任何递减的迹象，它依旧潜藏在身体的背后，限制着身体的发展可能性。①

第一节
现代国家建构中身体的赋魅与征用

在吉登斯看来，现代性涉及"对世界的一系列态度"和"复杂的经济制度"，现代国家即"民族—国家"。但这种源自西方社会历史发展的论断并不一定完全适用于中国社会。有学者则认为我国现代国家的建构是"民族—国家"和"民主—国家"的双重化建构过程。"民族—国家"是指居

①黄金麟. 历史、身体、国家：近代中国的身体形成（1895—1937）［M］. 北京：新星出版社，2006：2.

住在确定主权边界范围内的，建立在民族共同体基础上的，具有统一的历史、文化和国家认同感的政治共同体，它产生出民族主义。"民主—国家"则是"居住在国家内的人民居于主权地位"，国家的权威来源于公民的赋予，它产生出"民主主义"。① 这也进一步影响了我国现代性进程中的身体建构。

一、"民族—国家"的建构

吉登斯认为现代社会的转型除了马克思的"生产力"维度、韦伯的"理性化"维度、涂尔干的"社会分工"维度之外，还有一个"国家形态"的维度。据此，吉登斯把社会的发展分为三个阶段："传统国家"（traditional state）、"绝对主义国家"（absolutist state）和"民族—国家"（nation-state）。并认为，在"传统国家"时代，城乡居民的阶级化差异明显，城市居住的是上层阶级，乡村居住的则是下层阶级。国家权力主要限定在城市区域内，对乡村的控制较弱，国家与社会关系比较松散。即"传统国家的本质特性是它的'裂变性'（segmentary）。其政治中心的行政控制能力如此有限，以至于政治机构中的员工并不进行现代意义上的'统治'。传统国家有边陲（frontiers）而无国界（borders）"。② "绝对主义国家"出现在 16、17 世纪，"疆域""主权国家"等观念出现，国家权力的范围扩展，法律、军事技术等暴力成为维持社会秩序的有效手段。即在绝对主义国家中，我们发现了与传统国家这一形态的断裂，这预示着继之而来的"民族—国家"的发展。自绝对主义时代始，与非个人的行政权力观念相联系的主权观念以及一系列与之相关的政治理念，就已逐步成为现代国家的组成部分。③

"民族—国家"于 19 世纪开始在欧洲出现，其基础是"配制性资源"

---

①徐勇. 现代国家建构中的非均衡性和自主性分析 [J]. 华中师范大学学报（人文社会科学版），2003：5.

②安东尼·吉登斯. 民族—国家与暴力 [M]. 胡宗泽，赵力涛，等，译. 北京：生活·读书·新知三联书店，1998：4.

③安东尼·吉登斯. 民族—国家与暴力 [M]. 胡宗泽，赵力涛，等，译. 北京：生活·读书·新知三联书店，1998：4-5.

（allocative resources）和"权威性资源"（authoritative resources）的增长。前者是指社会的物质性资源，后者则涉及到国家的行政力量，二者的联系机制是"工业化"，即现代社会的工业化不仅导致物质资源的增长，也导致权威性资源的开发。① 同时，暴力工具被国家所垄断，国家的行政和监视能力不断扩展，国家权力渗透到社会各个角落，造成国家与社会的高度融合。即"民族—国家"的发展预设着传统国家中相当基本的城乡关系的消解，同时也内含着（与国界相联系的）高度密集的行政等级的诞生。因此，吉登斯认为："民族—国家存在于由他民族—国家所组成的联合体之中，它是统治的一系列制度模式，它对业已划定边界（国界）的领土实施行政垄断，它的统治靠法律以及对内外部暴力工具的直接控制而得以维护。"②

虽然中国的传统社会比较早地建立了大一统的国家政权，且皇权拥有至高无上的权威，但国家权力一般只延伸到县一级，县以下的农村社会则由宗族、士绅依靠伦理道德实行地方自治，所谓"王权止于县政"。这并非是皇权不想完全覆盖到地方社会，而是在当时行政手段、交通方式、信息沟通等条件限制下，小农经济难以承担如此庞大的官僚体系和治理成本。加之幅员辽阔，差异巨大的"地方性知识"普遍存在。实行地方自治无疑是省钱省时省力的好办法。中外学者大多数也持此观点。如韦伯认为："正式的皇家行政，事实上只限于市区和市辖区的行政。在这些方面，皇家行政不会碰到外面那样强大的宗族血亲联合体。一出城墙，皇家行政的威力就一落千丈……'城市'是没有自治的品官所在地，'乡村'则是没有品官的自治区！"许慧文（Vivienne Shue）把中国传统社会归纳为两种秩序和力量：一种是国家秩序与力量，另一种是民间秩序与力量。前者以皇权为中心，自上而下形成等级森严的梯形结构；后者以家族为中心形成"蜂窝状结构"的自然村落。费孝通认为：从人们实际生活上看，乡土社会里的国家权力是"松弛和微弱的，是挂名的，是无为的"。秦晖则概括为"国权不下县，县下唯宗族，宗族皆自治，自治靠伦理，伦理造乡

①安东尼·吉登斯. 社会的构成：结构化理论大纲［M］. 李康，李猛，译. 北京：生活·读书·新知三联书店，1998：10-15.
②安东尼·吉登斯. 民族—国家与暴力［M］. 胡宗泽，赵力涛，等，译. 北京：生活·读书·新知三联书店，1998：147.

绅"。当然，中国的传统社会也不是现代意义上的"民族—国家"。因为当时中国在华夏中心主义世界观的支配下，民族共同体尚未形成，民族意识尚未觉醒，"民族—国家"观念也还不存在。只有在清末以来，"天朝"被西方列强打败，中国才睁眼看世界，进而开始了建构"民族—国家"的漫长历程。[①]

近代以来，面对救亡图存的现实压力和"东亚病夫"的群体污名，中国开始学习西方的现代性，试图探寻一条从传统社会走向现代社会的转型之路。奕䜣、曾国藩、李鸿章、张之洞等人主张"中学为体，西学为用"，倡办洋务运动，试图从器物层面学习西方现代性，达到"师夷长技以自强"的目的。但中日甲午战争彻底粉碎了他们的梦想。以康有为、梁启超、谭嗣同等为代表的维新派，主张从制度上学习西方现代性，推行政治改革，实行君主立宪，建立现代"民族—国家"，但由于传统势力的强大，变法以失败告终。以孙中山为代表的革命派则提出"三民主义"，主张通过暴力革命，推翻清朝统治，建立民主共和制。无疑，三民主义中蕴含的自由、独立、民族、民权、民生等思想，也符合西方启蒙现代性的思想。但这种现代性的追求并没有成功，因为三民主义仅仅是促进了一小部分知识分子的思想转变，而没有向大部分国民普及进而形成坚实的群众基础。并且，这时建立的中华民国只是在表面上具有了现代国家的形态，它既没有建立起现代"民族—国家"所必需的在主权领土范围内的政治权威和社会认同，也没有成功地垄断暴力工具，使得疆土四分五裂、军阀割据、混战连年，形成了严重的政治危机和混乱局面。因此，辛亥革命并没有实现促进整个中国社会的现代转型。随后，蒋介石建立的南京国民政府虽然拥有强大的军事力量和国家政权，但和辛亥革命后一样，它不仅没有在实质上实现对主权范围内领土的统一行政控制；也没有实现对国家暴力工具的垄断；而且随着日本的武装侵略，作为"民族—国家"核心的国家主权更是受到了严重的威胁。

同时，一批知识精英也开始从思想文化上学习西方现代性，探寻救亡之路，掀起了轰轰烈烈的新文化运动和五四运动，以胡适、陈独秀、李大钊、鲁迅等人为代表。他们疾呼"德先生""赛先生"，高举"民主"和

---

①杨春时. 现代性与现代民族国家在中国的断裂与复合 [J]. 学术月刊，2001 (1).

"科学"两面旗帜。把斗争矛头直指中国传统社会支柱的儒家思想，提出"打倒孔家店"，提倡新道德，反对旧道德；提倡新文学，反对旧文学。以期通过思想革命和文化启蒙达到社会救赎。新文化运动和五四运动以西方现代性为参照，倡导民主、科学、自由和解放，反对专制、愚昧和迷信。虽然其间夹杂着对传统过激和偏颇的言论，但无疑是中华民族现代思想的一次"启蒙"与"解放"，是中国传统文明向现代文明转型过程中具有划时代意义的转折点，是中国现代性进程的"真正开端"。①但这种思想启蒙才持续数年，中国的民族危机日益加深，以现代性启蒙救国是远水不救近火。于是，"救亡压倒了启蒙"，即救亡和革命逐渐取代了现代性的启蒙成为时代的主题。

这可追溯到五四运动之后，西方的马克思主义传入中国。马克思主义通过对西方现代性的批判和展望，既肯定资本主义在现代性形成中的主导作用，又指出未来现代性的发展必然要超越资本主义，在共产主义社会这种全新的现代性中实现全人类的自由、解放和全面发展。加之俄国十月革命的成功，使得一部分先进的知识分子认识到，中国要摆脱鸦片战争以来的危局与困境，实现国家独立与民族解放，必须"走俄国人的路"。这就使得中国的现代性建构从以前注重学习西方资产阶级的思想启蒙转变到学习俄国经验、充分发动群众力量以暴力革命的方式反帝反封建进而建立独立的现代国家的新型现代性道路。共产党人把马克思主义的普遍原理与中国社会的实际情况相结合，通过新民主主义革命，成功地实现了中国的民族独立与解放，初步建立了现代"民族—国家"。中华人民共和国不仅获得了主权的独立和民族的解放，实现了对暴力工具的垄断性控制，建立起了强大的国家政治权威，并获得了广泛的社会认同。正如吉登斯所说："只有现代民族—国家的国家机器才能成功地实现垄断暴力工具的要求，而且也只有在现代民族—国家中，国家机器的行政控制范围才能与这种要求所需的领土边界直接对应起来。"②

　　①漆思. 现代性的命运［M］. 北京：中国社会科学出版社，2005：197.
　　②安东尼·吉登斯. 民族—国家与暴力［M］. 胡宗泽，赵力涛，等，译. 北京：生活·读书·新知 三联书店，1998：20.

二、现代性与"民族—国家"的"断裂与错位"

一般认为，建设"民族—国家"的任务和实现现代性的任务应当是一致的，是并行不悖的。即在建构"民族—国家"的进程中也就相应地推动了现代性的发展；同时，建立现代民族国家也成为建设现代性的一个重要方面。[①] 如西方的现代性是社会自身发展的结果，是内生型的。加之，它没有救亡图存的现实压力，使得西方现代性的发展与民族国家的进程没有冲突：都要反对共同的敌人——教会和封建贵族，都要先摆脱宗教的束缚，消除地方割据，建立中央集权；然后，进行资产阶级政治革命，推翻传统的封建统治，建立资产阶级共和国。从而，建立现代"民族—国家"。这就意味着，在西方现代性和"民族—国家"的同步建构中，身体不再是灵魂和宗教的附属品，意味着对自我身体现实存在的肯定，意味着对身体世俗追求的赞许，意味着身体的解放和发展。

与之不同，中国的现代性则是后发、"外生型"的。它不是中国社会长期自然孕育的结果，而是在清末以来遭遇"三千年未有之大变局"的现实压力下被迫产生的。面对西方列强的入侵和救亡图存的现实压力，造成了中国的民族主义，人们在主观上强烈反对西方。而面对现代性的冲击，中国社会又必须在客观上学习西方。"这就形成了现代性与现代民族国家的冲突、现代性与民族主义的冲突：要民族独立，就要反西方；要现代性，就要效法西方。"但现代性的启蒙不可能一蹴而就，而当时中国的救亡图存压力已经迫在眉睫。所以，"救亡压倒了启蒙"，建构"民族—国家"的任务超越了现代性启蒙，造成现代性与"民族—国家"的"断裂与错位"。[②] 或者说，现代性启蒙成为了中国建立"民族—国家"的纯粹手段被加以利用。那么，自由、解放等现代性的精神也就无法在救亡图存的压力下实现了。

正如李泽厚所言："在如此严峻、艰苦、长期的政治、军事斗争中，在所谓你死我活的阶级、民族大搏斗中，它要求的当然不是自由民主等启

---

①杨春时. 现代民族国家与中国新古典主义 [J]. 文艺理论研究，2004（3）.

②杨春时. 现代性与现代民族国家在中国的断裂与复合 [J]. 学术月刊，2001（1）.

蒙宣传，也不会鼓励或提倡个人自由、人格尊严之类的思想，相反，它突出的是一切服从于反帝的革命斗争，是钢铁的纪律、统一的意志和集体的力量。任何个人的权利、个性和自由、个体的独立尊严等等，相形之下，都显得渺小而不切实际。个体的我在这里是渺小的，它消失了。"①

三、赋魅与身体的组织化、结构化

清末民国以来现代性启蒙时期的身体规训、建构和当时国家面临的危亡局势有着非常密切的联系，身体在赋魅的过程中具有非常明显的组织化、结构化特征。当时，在经历了一系列从器物、制度、思想文化上的救亡努力和失败之后，知识精英和权力精英逐渐关注到了原先被忽视的"人"。无论是废除传统的科举制、兴办新式教育以培育新民；以戒缠足、兴女学为主要内容的妇女解放运动，加强对女性身体的开发；或重视体育运动，提高身体素质，这些都是把"改造人作为改造一切的基础"，通过强身、强种以强国，进而完成救亡图存的历史使命。

当然，这些身体规训的背后既有中国传统思想的影子，也明显受到西方现代思潮的影响。但是，一方面，我们不能将这种对于人的特殊关注看成是儒家传统思想在清末民国时期的再次复兴；另一方面，也不能等量齐观地采取类似西方学者的态度来剖析西方思潮对中国社会变革中身体的影响，② 而应看到这是中国传统思想和西方思潮在当时的历史条件下相互碰撞、激荡的产物。

如传统儒家强调的是"以心控身"，通过仁、义、礼、智等思想的内在教化，"求其放心"，由内而外地修身养性。在面临救亡图存的历史使命时，"新民"的塑造就不能仅依靠内在的修养，还要辅以外部的条件，以加强对身体的改造。所以梁启超的"新民"思想就明显带有传统儒家思想和斯宾塞的社会有机体论的双重印迹。又如当时塑造新民直接的有效手段当然就是教育。教育作为一种制度化的规训形式，仍然不能将之视为中国

①李泽厚. 中国现代思想史论 [M]. 天津：天津社会科学院出版社，2003：28.
②黄金麟. 历史、身体、国家：近代中国的身体形成（1895—1937）[M]. 北京：新星出版社，2006：33-36.

传统的蒙学教育在清末民初时期的直接延续，因为"这时的教育隐含了过去所没有的国民与公民意识在其中。这种以现代民族国家作为底基，以西方公民教育作为学习榜样的训育发展，它的取向和以个人修身作为准则的蒙书教育有着根本的差异"。① 这正如林毓生在《中国意识的危机》中所认为的那样，现代社会的自由、民主和法治不能通过"全面反传统""全盘西化"而获得，只有经过对自身传统的创造性转化（creative transformation）才能逐步得到。② 从剑阁县的情况来看，这表现在清末时期的学堂设修身课，以"忠君"思想教育学生。在民国时期修身课的内容加入"公民须知"，后把修身课改为"公民科"。在抗战时期和新生活运动中，学校对学生的教育则以"忠、孝、仁、爱、信、义、和、平"和"礼、义、廉、耻"这"八德""四维"为准则。

身体的组织化与结构化，当然也体现在培育新民、妇女解放运动、重视体育、军国民教育和军事训练、保甲重建、新生活运动等身体改造工程中。其中，除了国家权力的积极推动之外，知识分子的奔走呼喊和民间社会的鼎力相助似乎也比较显眼：如蔡锷、蒋百里倡导的"军国民教育"、梁启超提出的"新民说"、新文化运动中的"新青年"，以及后来"公民教育运动"。甚至有论者认为，国家权力这时在身体改造上似乎并不是一个积极的行动者。"清廷作为国家机器的一个枢纽，并不是站在一个主动的立场来进行这些改造国民身体的工程。它是站在一个被动甚至是知识分子试图说服的对象的立场上，来制度化这场身体的改造活动。"③

中华人民共和国的成立，标志着"民族—国家"在中国的初步建立。那么，相应地，身体所赋予的历史使命也从救亡图存转变到了国家富强。个人的存在被赋予更多神圣的意义，即个人存在及其身体力量的发挥和整个民族国家的发展、繁荣、富强紧密相关。这种价值理想和韦伯笔下的清教徒辛勤劳作、禁欲苦行是为了践行"天职观""荣耀上帝"的目的明显

---

①黄金麟. 历史、身体、国家：近代中国的身体形成（1895—1937）[M]. 北京：新星出版社，2006：30.

②林毓生. 中国意识的危机："五四"时期激烈的反传统主义 [M]. 穆善培，译. 贵阳：贵州人民出版社，1987.

③黄金麟. 历史、身体、国家：近代中国的身体形成（1895—1937）[M]. 北京：新星出版社，2006：35.

不同。因为在当时一穷二白的社会条件下，国家权力只有通过高度集中的政治、经济体制，充分发挥强大的国家动员体系的作用，塑造出组织化的身体观，并通过农民协会、土地改革和人民公社等制度设置，严密地约束每一个个体，以充分组织和动员他们身体的建设性力量。这不仅延续了清末民国以来现代国家政权的建设进程，也在个体身上赋予了更多的价值色彩，使得个人的努力与身体力量的发挥和国家的神圣价值目标紧密联系到了一起。

总之，在我国的"民族—国家"建构进程中，由于面临后发、"外生型"的现代性和救亡图存的现实压力，造成现代性与"民族—国家"的"断裂与错位"。即"救亡压倒了启蒙"，对现代性的追求则变成了实现建构"民族—国家"这个历史任务的手段。使得在寻求救亡图存和国家富强的"赋魅"中表现出身体的组织化和结构化倾向。

第二节
现代国家转型中身体的祛魅与再嵌入

一般而言，西方的"民族—国家"和"民主—国家"建构是同步的。但在中国这种后发、"外生型"国家，这两者的建构则是不同步的，而且还会产生矛盾。因为前者追求的是"整体性"和"强制性"，后者追求的则是"多样性"和"自主性"。① 所以，近代以来，我国在现代国家的建构进程中，必须先寻求国家独立和民族解放，即建立"民族—国家"；然后还有一个建设"民主—国家"的任务，以实现现代国家的第二次转型。

一、现代国家的转型

当然，现代国家的这种双重建构并不是截然分开的，它们作为现代国家的两个重要特性，存在着内在逻辑的连贯性。甚至很多学者都认为，

---

①徐勇. 现代国家建构中的非均衡性和自主性分析 [J]. 华中师范大学学报（人文社会科学版），2003（5）.

"民族—国家"的建构本身就已经包含了"民主—国家"建设的内涵。但比较而言,"民族—国家"的核心是国家主权问题,即一个国家必须拥有作为其"灵魂"的国家主权,及凭借这种权力以独立自主的方式处理其内外部一切事务、不受任何其他因素干扰的最高权威。"民主—国家"的核心问题则是国家内部的"权力分配、权力配置和权力行使"的问题,并根据"主权在民"原则来建构国家制度。"如果说'民族—国家'是现代国家的组织形式,所要解决的是统治权行使范围的问题,那么,'民主—国家'则是现代国家的制度体系,所要解决的是现代国家根据什么制度规则来治理国家的问题。"① 二者是相互依存、互为一体的。

韦伯从社会行动合理化的基本假定出发,分析了三种合法统治的"理想类型":传统型统治、魅力型统治和法理型统治。韦伯认为,传统型统治"建立在一般的相信历来适用的传统的神圣性和由传统授命实施权威的统治者的合法性之上"。魅力型统治建立在"非凡的献身于一个人以及由他所默示和创立的制度的神圣性,或者英雄气概,或者楷模样板之上"。而法理型统治则是建立在"相信统治者的章程所规定的制度和指令权利的合法性之上,他们是合法授权进行统治的"。② 现代国家无疑属于法理型统治,它正是以"主权在民"的原则建构国家制度,并以法律形式保障公民权利。

如前所述,1949 年中华人民共和国的成立,标志着现代"民族—国家"在中国的初步建立,也标志着近代以来中国的民族救亡与解放运动取得了最终的胜利,更证明了"革命压倒启蒙"的中国现代性的时代合理性。这不仅意味着在空间上由分散的、联系不甚密切的地方社会逐渐组合成现代一体化国家的过程,也在时间上标明由传统农业社会向现代工业社会的转型。使得国家主权的实施有了明确的边界限定,也使得国家权力日益渗透到主权领域内,作为国家权力体现的国家体系则不断规范、训练着每一个个体,组织和动员他们参与到国家建设的行列中来。在中华人民共和国成立后的社会主义现代化建设中,我国社会的政治、经济、文化等方

①徐勇."回归国家"与现代国家的建构 [J]. 东南学术,2006 (4).

②马克思·韦伯. 经济与社会:上卷 [M]. 林荣远,译. 北京:商务印书馆,2006:241.

面都取得了显著的进步，初步建立了具有中国特色的现代性发展模式。但由于现代化经验的缺乏、对苏联建设经验的简单模仿等原因，使得社会革命仍然在以不同方式继续展开。黄宗智认为：很难将1949年的解放视为革命的终结，因为其后还发生了大规模的革命性变迁，如全国范围内的土地改革、消灭地主和富农阶级、社会主义改造运动等。[1]

1978年的十一届三中全会重新确立了实事求是的思想路线，并在深刻总结前期现代性建设经验的基础上，主张走建设中国特色的社会主义道路，使得中国的现代化发展进入新的历史时期。1979年3月30日关于"坚持四项基本原则"的讲话指出："我们现在已经坚决纠正了过去的错误，并且采取各种措施继续努力扩大党内民主和人民民主。没有民主就没有社会主义，就没有社会主义的现代化。当然，民主化和现代化一样，也要一步一步地前进。社会主义愈发展，民主也愈发展。这是确定无疑的。"[2] 随后，国家先后修订宪法，并进行政治体制和经济体制改革，变革单位制、取消人民公社，实行政社分开。在农村实行以村民自治为核心的基层民主政治建设，调动了农民的积极性。在城市则推进社区建设和居委会直选，提高居民的自治能力。培育民间组织，促进其发展壮大，提升其整体水平。使中国的现代国家建设逐渐走上法治化、规范化的轨道，进入全面建设现代性的新时期。

虽然吉登斯认为，西方社会目前已经达到了"高度（或晚期）现代性"〔high（or late）modernity〕阶段。[3] 但从世界范围来看，当前中国的现代性还是一项"未竟的事业"，还处于低度（或早期）现代性。"中国的现代性是滞后的、未完成的。"[4] 因此，"从当代中国人的生存结构历史性和历史处境出发，我们必须在一个相当长的时期里，要继续追求现代化和

---

①黄宗智. 中国革命中的农村阶级斗争：从土改到"文革"时期的表达性现实与客观性现实［M］//黄宗智. 中国乡村研究（第2辑）. 北京：商务印书馆，2003：66.

②邓小平. 邓小平文选：第2卷［M］. 北京：人民出版社，1994：168.

③安东尼·吉登斯. 现代性与自我认同［M］. 赵旭东，方文，等，译. 北京：生活·读书·新知三联书店，1998：273.

高度（或晚期）现代性阶段，即"现代制度发展的当前阶段，它是现代性的基本特质的极端化，全球化是其标志"。

④杨春时. 论中国现代性［J］. 厦门大学学报（哲学社会科学版），2009（2）.

现代性"。① 只是，中国在现代性进程中，不能完全追寻西方社会的现代性发展模式，而是必须要把西方的现代性理念放置于中国社会独特的文化、历史情境中加以考量，并在对中国传统文明的现代转化中建构具有中国特色的新的文明秩序与现代性模式。

邹谠认为，20 世纪中国政治的一个非常显著的特征就是"全能主义"，这种"全能主义"到"后全能主义"的演变历程，和中国现代国家的建构步伐是基本一致的。清末民国时期，在中国寻求现代"民族—国家"建构的关键时期，急需强大的国家力量做支撑，"全能主义"政治应运而生。中华人民共和国成立后的前三十年，在向现代国家的二次转型过程中，依然要靠国家力量对社会力量进行广泛的组织与动员，所以"全能主义"继续强化并达到巅峰状态。改革开放后，以前普遍强调的国家主义、整体性和强制性则部分让位于个人主义、多样性和自主性，当然也就造成"全能主义"被"后全能主义"所代替。"在解构全能主义国家的同时，实现现代国家建构。这种集解构与构建双重任务为一体的情形似乎是在世界历史上仅见的。"

二、现代性与"民族—国家"的"复位"与融合

中华人民共和国成立后，我国的现代性进程处于由现代"民族—国家"向现代国家的进一步发展时期。当时，在浓烈的革命氛围中，国家不断规范、组织、动员民众的身体资源，这不仅表现在集体劳作中对身体的组织与动员，就连其发型、服饰、卫生、文化娱乐及一切日常表现都被打上了鲜明的时代烙印。与此同时，社会意识形态将身体的一切欲望与享乐"污名化"和"标签化"。这体现了"民族—国家"建构进程追求整体性和强制性的特点。这在当时特定的社会情境中具有历史的合理性，对于最大限度地动员身体资源具有积极效果和建设性作用。正如邹谠所言："中国政党以它的严密的组织和逐渐强大的组织能力，去发动群众、组织群众、引导群众参与政治。所以在革命的过程中，中国人民参与政治的格式

①韩红. 交往的合理化与现代性的重建：哈贝马斯交往行动理论的深层解读［M］. 北京：人民出版社，2005：20.

起了数千年以来第一次的根本变化。农民及贫苦大众下层阶级都变成政治生活中的重要角色。"这使个人的身体无可抗拒地必须服从于现代国家的宏旨。

改革开放以后，由于政治、经济体制的改革，关于"人的发现""人的觉醒""人的哲学"的呐喊又声震一时。五四的启蒙要求、科学与民主、人权和真理，似乎仍然具有那么大的吸引力而重新被人发现和呼吁。① 其实，这也可以被看做是新中国成立以来，中国社会又在思想解放这场新的启蒙运动的指引下，高举科学、民主的旗帜，开始了又一次现代性的历程。而且，在这个新的历史时期，中国社会对现代性的追求不再是"外迫性"的，而是社会自身发展的内在要求。因此，近代以来存在的现代性与民族国家的"断裂与错位"开始消除，并在逐渐"复位"中融为一体。即"中国社会不必再以反现代性的方式来建立现代民族国家，而能通过现代性的发展来建设现代民族国家"。② 而中华人民共和国成立及其后三十年以来对现代性的探索，表明"民族—国家"已经在中国初步建立。那么，随之而来的对现代性的追求，则表现为对现代国家的进一步建设和发展。

随着改革开放的推进，"以经济建设为中心""科学技术是第一生产力""发展社会主义市场经济""发展社会主义民主政治"、公民社会、公共领域、多元文化、科学发展、"以人为本"等一系列现代性的观念意识逐渐形成，具有越来越广泛的社会认同与群众基础，并"在促进中国社会理性化、组织化和制度化的现代性进程中发挥着价值支撑与现代观念整合的作用"③，构成了具有中国特色的现代性不断深入发展的坚实基础，也推动了现代国家的二次转型。

三、祛魅与身体的个体化、符号化

这直接导致了个人行动的自主性显著增强，其身体的欲求也逐渐得到认可。这在很大程度上源于现代国家转型中制度系统对个人利益及其正当

①李泽厚. 中国现代思想史论 [M]. 天津：天津社会科学院出版社，2004：30.

②杨春时. 现代性与现代民族国家在中国的断裂与复合 [J]. 学术月刊，2001 (1).

③王英伟. 社会工程与中国现代性的建构 [D]. 长春：吉林大学，2009：51.

性的承认,是国家进行理性选择的结果。随着人民公社的解体和"乡政村治"格局的形成,个人的日常生产、生活领域更多地遵循的是自我意志而非国家意志。正如邓小平1978年12月13日在中共中央工作会议上所做的《解放思想,实事求是,团结一致向前看》的讲话中指出:"当前最迫切的是扩大厂矿企业和生产队的自主权,使每一个工厂和生产队能够千方百计地发挥主动创造精神。一个生产队有了经营自主权,一小块地没有种上东西,一小片水面没有利用起来搞养殖业,社员和干部就要睡不着觉。"而且,他认为,"不讲多劳多得,不重视物质利益,对少数先进分子可以,对广大群众不行,一段时间可以,长期不行。革命精神是在物质利益的基础上产生的,如果只讲牺牲精神,不讲物质利益,那就是唯心论"。①

这种国家的理性选择行为,当然也表现在国家对当代消费主义的认同中。如前所述,"国家让渡论"就认为当代消费主义的兴起是在社会转型过程中,国家退出日常生活领域、放弃对私人生活控制的结果;是国家让渡权力,基层社会自主化发展的结果;也是国家在意识形态上从"乌托邦主义"转向"经济主义"的副产品。20世纪90年代以来的消费主义则扮演了另一种政治功能,即国家用居民追求物质生活水平的提高,来换取居民遵守国家统治、维护社会稳定的政治让渡。② 这正如美国社会学家赫希曼(Albert Otto Hirschman)所认为的:"利用一些相对无害的欲望来制衡另一些更具危险性的欲望。换言之,借助欲望之间的相互残杀来弱化和驯服欲望,难道这样做是不可能的吗?"③ 当然,"国家让渡论"认为消费主义是国家利用其经济让渡换取居民政治让渡的产物。这种观点和马尔库塞的"单向度的人"的观点也是类似的。马尔库塞认为:当代资本主义成功地创造出一种美好的生活模式和消费方式,使得人们变成缺乏批判意识,而只会肯定和维护现实的"单向度的人"。④

---

①邓小平. 邓小平文选:第2卷 [M]. 北京:人民出版社,1994:146.

②王宁. "国家让渡论":有关中国消费主义成因的新命题 [J]. 中山大学学报(社会科学版),2007(4).

③艾伯特·奥·赫希曼. 欲望与利益:资本主义走向胜利前的政治争论 [M]. 李新华,朱进东,译. 上海:上海文艺出版社,2003:15.

④赫伯特·马尔库塞. 单向度的人:发达工业社会意识形态研究 [M]. 刘继,译. 上海:上海译文出版社,1989.

可见，在现代国家建设的进程中，传统的、全能的政治权威逐渐退出社会生活领域，而市场经济和工具理性的逻辑则对人们的社会行动产生愈来愈大的影响，使得社会生活更加个体化、商品化。尤其是在西方消费主义、享乐主义、后现代主义等思潮的影响下，人们对身体的关注逐渐变得表层化。即以往附着在身体上的革命、崇高、伟大等一系列价值、符码趋于消解，人们更多地关注现实生活中的物质刺激与感官享受，关注身体消费的差异性与多样性。使得身体由"民族—国家"建构进程中的组织化和结构化倾向，变成在现代国家建设进程中的个体化、符号化倾向。也可以说，在禁锢身体的藩篱被一一拆除之后，身体从道德、伦理、意识形态等束缚中解放出来的同时，又掉进了当代消费主义的深渊，在很大程度上成为消费的工具载体。同时，"消费社会也是进行消费培训，进行面向消费的社会驯化的社会"①。即大众传媒及其所代表的意识形态、文化价值无时无刻不传递着消费信息、符号、代码，对消费行为施加影响，造成"永远的被迫消费"。正如有论者所言："福柯关注的历史，是身体遭受惩罚的历史，是身体被纳入到生产计划和生产目的中的历史，是权力将身体作为一个驯服的生产工具进行改造的历史，那是生产主义的历史。而今天的历史，是身体处在消费主义中的历史，是身体被纳入到消费计划和消费目的中的历史，是权力让身体成为消费对象的历史，是身体受到赞美、欣赏和把玩的历史。"②

而且，在消费主义文化氛围中，人们由关注商品的使用价值转向关注商品的象征价值，即商品所代表的符号和意义。那么，消费社会已不再是一个纯粹的商品世界，更多的是一个符号和象征的世界。而这种象征符号是有区别的，人们对不同符号的消费也就构建了不同的社会身份和地位，产生了社会不平等。消费的符号化也带来身体的符号化，使得个体在符号消费中被"物化"。并且，潜藏在象征符号背后的权力、资本、意识形态也正是透过这种消费形式，影响着社会生活中的每一个人。因此，在建构身体的"理想类型"、媒体的渲染和强化、激发欲望、构建享乐、产生焦

①让·鲍德里亚. 消费社会［M］. 刘成富，全志钢，译. 南京：南京大学出版社，2000：73.

②汪民安，陈永国. 身体转向［J］. 外国文学，2004（1）.

虑、提供身体技术与改变身体实践等一系列商业资本的操作中，身体在表面上被解放的同时却并没有获得实质上的自主性与多样性，而是被消费文化同质化了。

　　总之，在现代国家的转型发展中，由于整个社会对现代性的追求不再是"外迫性"的，而是自身发展的内在要求。这使得近代以来存在的现代性与民族国家的"断裂与错位"开始消除，并在逐渐"复位"中融为一体，即通过现代性的发展来建设现代国家。当然，这也就使得在现代性初步探索时期的"反西方现代性的现代性"或"反现代性的现代性"① 逐渐终结。而且，市场经济、工具理性的逻辑逐步取代了传统的制度权威、价值理性在社会生活中的作用，加之消费主义、享乐主义、后现代主义等思潮的影响，使得身体在"祛魅"中表现出个体化、符号化的倾向。

---

①汪晖. 当代中国的思想状况与现代性问题 [J]. 天涯, 1997 (5).

身体不仅是"物理身体"，更是"社会身体"，是自我建构与社会建构的产物。身体隐喻着个人与社会的关系这个根本问题。本文基于剑阁县的实证调查，整合性运用身体社会学的相关理论资源，对我国现代性进程中身体建构的发展过程及其逻辑机制进行系统考察，深入剖析现代性因素如何透过国家和制度体系，在身体观念、制度设置和日常生活等层面，不断规范、训练和塑造人们的身体。同时，在具体的实践场域中，行动者如何运用相应的惯习、资本和策略来回应这种规制力量，进而反思社会转型中身体实践和基层秩序之间的内在关系。总体而言，本文的研究发现主要体现在如下三方面：

第一，身体建构的机制由组织化、结构化转向个体化、符号化。在近代以来的现代性启蒙时期，面对西方现代性挑战而产生的救亡图存的现实压力和"东亚病夫"的群体污名，无论是南京国民政府兴办新式教育以培育新民、倡导妇女解放以开发女性身体、重视体育运动以提高身体素质，还是其进行军国民教育和军事训练、重建保甲制度、发起新生活运动等身体改造工程，都表明整个国家与社会都把"改造人作为改造一切的基础"。这使得身体建构的主体由传统的家族、家庭转变为国家与社会；制度化的规训形式（如现代学校教育、军事训练等）逐渐取代了传统的规训形式（如家庭教育、家族的私塾等非制度化形式）；身体规训和建构的内容则由以前的"内圣外王"之道转变为传统因素和现代性因素的结合，或"过去那些用来规约个人身体的圣王之理，已经被一些世俗生活规则和一些攸关群体生活的权利与义务观念所取代"①；身体建构的结果不仅仅是为了个人的发展，更重要的是通过强身、强种以强国，进而实现国家救亡图存的时

---

①黄金麟. 历史、身体、国家：近代中国的身体形成（1895—1937）［M］. 北京：新星出版社，2006：80.

代使命。

在中华人民共和国成立后的现代性探索与发展中，国家进一步把对普通民众的身体开发和民族国家富强的神圣意义联系在一起，并通过各种制度安排和身体政治学手段来组织、调动民众力量为国家的价值理性目标服务。如国家话语权力塑造出组织化的身体观，并通过农民协会、土地改革和人民公社等制度设置，充分地组织和动员民众身体资源的建设性力量。当然，这种身体建构也表现在集体社会的日常生活中，就连民众的发型、服饰、卫生、文化娱乐等都被打上了强烈的时代烙印和价值色彩，从而形成了国家统率一切的"全能主义"。在改革开放以来的现代性重塑时期，身体建构则有了不同的特点：国家逐渐放松了对生产、生活领域的直接干预，个人的自主性有所增强；制度化的建构形式（如教育、消费、时尚等）成为社会大众普遍面临的样态；在当代消费主义、享乐主义等思潮的影响下，身体在寻求自我解放的"祛魅"过程中又存在个体化、符号化的倾向；身体所承担的一系列价值符号趋于消解，并逐渐回归到个体和私人领域，成为自我认同和自我表现的手段之一。

这也表明，在我国的现代性进程中，国家、制度对身体的建构总体上由直接建构转向间接建构、由显性建构转向隐性建构。即制度性力量逐渐改变了以前在生产、生活领域中直接组织、动员身体，转而通过经济刺激、教育塑造、消费引导、卫生医疗等间接方式来训练和塑造大众的身体。这也表明权力的运作方式从韦伯式的权力集中化逐步转向福柯式的权力分散化，身体建构的形式则从"解剖政治学"转向"生命政治学"，使得规训权力以一种更普遍、更全面的方式影响整个社会。正如福柯所言，这种"权力力学"规定了如何控制他人的身体，"通过它所选择的技术，按照预定的速度和效果，使后者不仅在'做什么'方面，而且在'怎么做'方面都符合前者的愿望"①。

第二，身体建构的逻辑呈现规制与解放的双重螺旋。从剑阁县的妇女解放进程来看，近代以来，在西方现代性的影响下，以戒缠足和兴女学为主要内容的妇女解放运动中，女性的身体从传统的族权、父权和夫权等束

---

①米歇尔·福柯. 规训与惩罚：监狱的诞生 [M]. 刘北成，杨远婴，译. 北京：生活·读书·新知三联书店，1999：156.

缚下解放出来，走出家庭，学习文化知识，参与体育锻炼等，获得了相当程度上的人身自由与解放。但这场妇女解放运动并不是要以妇女的平等、自由、解放和个性等权益作为最高考量，也不是要以现代美学的标准把妇女的身体从传统形象塑造为现代形象，而是要给千百年来一直受到轻视的女性身体赋予救亡图存的时代意义，希望通过妇女解放运动培育出体格强健、智力超群的母亲，为民族国家生养出素质优良的后代，去掉"东亚病夫"的群体污名；也希望通过妇女解放运动能释放和获取妇女身体的劳动能力、战斗能力、建设能力，为民族国家的建构贡献力量。从而，使得妇女的身体在解放运动中刚刚挣脱了传统的家庭力量的束缚，又被现代国家和权力结构所凝视、考量和征用。

1949年中国革命的成功，涤除了某些曾沿袭千年之久的陈规陋习，给人们的心理结构带来了巨大的震撼。① 如国家倡导的男女平等，使得女性的政治、经济地位空前提高，但这也为国家进一步组织、动员女性投入到生产劳动和社会建设中预设了正当性的前提。而且，在当时高度计划体制下，国家一方面采取了"抑制消费"的制度安排，另一方面又实行"神圣化激励"以鼓励人们积极劳动；并在社会生活中改造民众的主体结构，强化其内心的"理想信仰""节俭观"和"奉献观"，使得消费在整个社会成为被抑制的对象。② 身体的一切个性需求和自我意识都是被抑制的，关于身体的一切欲望与享乐均被"污名化"。

改革开放以来，国家"全能主义"的政治模式进入"后全能主义"阶段。身体的需求逐渐得到了制度的认可，消费主义也获得了国家的鼓励与推崇。在市场经济体制下，国家一方面设置了"鼓励消费"的制度安排，另一方面又运用了"世俗化激励"措施去鼓励人们的消费行为，并在社会生活中改造民众的传统观念，培养他们的"消费观"和"自利观"，使得消费获得了应有的肯定和鼓励。③ 这正如汪民安所言："原来的权力或社会历史不断地要求身体去生产，将身体作为一个器具去生产，但现在的要求

①李泽厚. 中国现代思想史论 [M]. 天津：天津社会科学院出版社，2004：29.

②王宁. 从苦行者社会到消费者社会 [M]. 北京：社会科学文献出版社，2009：17-20.

③王宁. 从苦行者社会到消费者社会 [M]. 北京：社会科学文献出版社，2009：20-22.

不同，现在却是不断地让身体成为消费的对象。这个时候，权力组织身体和改变身体的方式就发生变化了，它就要制造出身体的需要，有的时候甚至是虚假的需要，为的是要让身体成为一个消费品。"①

尤其是在当代，规训权力和商业资本利用消费文化的生产和再生产，极力强化对身体的诱导和驯服，进而强化社会对个人的控制。它通过电视、广播、网络、报纸等媒介和饮食、服装、健身、美容、养生等与身体相关的产业，以及选美、养生、商业广告和身体展示等节目，用科学为借口，以健康为名义，拿美丽和个性为噱头，向人们大肆宣扬对身体的物质刺激和感官享受，并着力把身体打造成欲望的工具和消费的载体。甚至可以说，消费社会把身体降格为肉体，而无视身体的更高层次的文化、精神等追求，对身体极尽贬损之能事，将消费价值和身体追求引向一种低俗的境地，使得身体几乎沦为商品的消费机器而不能自拔。②

也就是说，身体解放的历史，也是身体不断被"他者"殖民和自我殖民的历史。因为身体既是解放的工具和解放的载体，又是解放的目标。使得在运用身体这个工具实现解放目标的过程中，当身体从一种权力束缚中解救出来的同时，却又不可避免地成为另一种权力策略的对象。身体以前是深陷宗教理性、制度力量和生产主义的牢笼，而今却又无可奈何地陷入市场机制的圈套和消费主义的陷阱。潜藏在这社会进程背后的，是萦绕不散的规训权力对身体进行"觊觎"、凝视和塑造的影子。其结果就是，人们在寻求自我解放之路的同时，也在迈向不断"异化"的深渊。当然，从更广阔的视野来看，这和西方社会进入后工业时代以来，以禁欲苦行主义为主的基督教清教主义逐渐式微，传统社会的道德体系滑落，大众消费主义和享乐主义盛行，引起"经济冲动力"抵消了"宗教冲动力"，进而使得身体在一味的贪图享乐中陷入极端扭曲和异化的趋势有一定的相似性。这实际上是自文艺复兴、启蒙运动以来现代性蕴含的理性与自由这两个基本维度在身体上的体现，也是当代人在现代性进程中处于尴尬境地的体现。

①冯珠娣，汪民安. 日常生活，身体，政治 [J]. 社会学研究，2004 (1).

②奥尼尔. 身体形态：现代社会的五种身体 [M]. 张旭春，译. 沈阳：春风文艺出版社，1999：2.

第三，身体建构中的主体性重塑。当然，从社会、历史的角度来看，身体规训与建构在具体的社会、历史情境中具有组织合理性和结构功能需求。因为正是人类理性在社会进程中不断地自我反思、自我否定和自我约束，才能不断走向人的自由、解放之境。这是人类不断进化的必然结果，也是文明进程的必经阶段。如在中华人民共和国成立之初，国家之所以采取"抑制消费"和"神圣化激励"的制度安排，一方面是因为当时的生活资料极度匮乏，生产条件落后；另一方面则是国家面临现代化的迫切要求。所以，国家只有通过高度集中的政治、经济体制，充分发挥国家机器的强大组织、动员能力，塑造出组织化的身体观，并通过农民协会、土地改革和人民公社等制度设置，严密地约束和规训每一个个体，以充分组织和动员他们身体的建设性力量来实现国家富强。又如前面论述的妇女解放运动中存在解放与异化交织的矛盾状态，也是现代性进程中必然经历的过程。"在一个公民社会并不发达的国度里，国家的'保护'往往成为人们唯一可见的选择，而如果后者又正需要人们的支持与靠拢，这两者自然容易形成一种选择性的近亲。在此情景下，我们无需讶异，当礼教被扫地出门，家庭被诅咒成为抑制个人个性发展的暴虐来源后，国家立时成为人身最大的'殖民主'。"①

但是，在看到身体规训与建构在特定的社会、历史情境中的合理性的同时，也应该看到它的限度。当理性无限扩张并成为万物主宰的时候，如何来限制理性，防止"理性的非法运用导致教条主义与他律状态"，并对理性本身的"自负"进行批判和反思，以达到康德所说的"人是目的而非手段"。这在社会理论中已有众多的表述，如马克思论述的"商品拜物教"和劳动的"异化"、韦伯忧虑的"铁的牢笼"、西美尔喟叹的"文化悲剧"、霍克海默和阿多诺谈及的"启蒙的自我摧毁"、利奥塔批判的"宏大叙事"、哈贝马斯揭露的"生活世界的殖民化"等。所以，对身体建构的研究，并非以身体作为最后的归宿。"身体毕竟只是一种象征、一种载体、一种隐喻，身体背后所潜藏的是更加值得关注的感性。数千年的人类文明

①黄金麟. 历史、身体、国家：近代中国的身体形成（1895—1937）［M］. 北京：新星出版社，2006：23.

史其实是一部理性霸权主义的独角戏。"① 我们是要把身体当作一种策略，进而关注隐藏在身体背后的人。"以身体为切入点，以人为最终目标。"特纳认为现代社会是一个"肉体社会"，而"一个社会的主要政治与个人问题都集中在身体上并通过身体得以表现"，即"我们主要的政治与道德问题都是以人类身体为渠道表现出来的"②，那么，身体问题，也就隐喻着个人与社会的关系这个社会学的基本问题。

可见，身体在现代性进程中所遭遇到的组织、动员、规范、训练和征用，实际反映的是自文艺复兴、启蒙运动以来现代性蕴含的理性主义对人的宰制。在理性主义对身体的规训与建构历程中，造成的最明显的结果就是人作为"主体的消逝"。这个从尼采开始，经过海德格尔，到结构主义和后结构主义的系列论述，让我们警觉的就是人已经不是世界的主体。当然，这个主体消逝的过程并不是学术思辨的产物，而是近代以来社会历史发展的结果。具体到中国而言，则是在西方现代性的挑战和中国现代性的追求进程中，逐渐发展的制度力量、"全能主义"、社会动员、市场机制、消费主义等对身体的建构与宰制，使得个人相继成为新的权力和意志主体的对象。如前面所论述的：在我国"民族—国家"建构进程中，由于面临后发、"外生型"的现代性和救亡图存的现实压力，造成现代性与"民族—国家"的"断裂与错位"。即"救亡压倒了启蒙"，对现代性的追求则变成了实现建构"民族—国家"这个历史任务的手段，使得身体在"赋魅"中表现出组织化、结构化倾向。而在现代国家的转型发展中，由于中国社会对现代性的追求不再是"外迫性"的，而是自身发展的内在要求。这使得近代以来存在的现代性与民族国家的"断裂与错位"开始消除，并在逐渐"复位"中融为一体，即通过现代性的发展来建设现代国家。而且，市场经济、工具理性的逻辑逐步取代了传统的制度权威、价值理性在社会生活中的作用，加之西方的消费主义、享乐主义、后现代主义等思潮的影响，使得身体在获得个体化、自主化的同时，也表现出商品化、符号化的倾向。如何培养行动者的主体性，使之在面对制度、系统的

①文军. 西方社会学理论：经典传统与当代转向 ［M］. 上海：上海人民出版社，2006：358.

②布莱恩·特纳. 身体与社会 ［M］. 马海良，赵国新，译. 沈阳：春风文艺出版社，2020：1，8.

规制时，能够在不断的自我选择、自我反思、自我调适中进行主体性建构，进而达到"文化自觉"。这仍然是我们需要进一步探索和解决的重要课题。

本文也存在一定的不足之处需要继续探讨与完善：

一方面，规训权力的多重性与复杂性。并不是所有的历史都可以透过身体来解释，也不是所有的历史实践和趋势都以身体作为发生条件。现代性和国家也只是规制和建构身体相对关键的因素之一，在其之外，还有伦理、道德、"地方性知识"等其他因素，这些因素的作用有待进一步分析。

另一方面，实证资料的收集与分析有待加强。尤其应加强关于规制和建构状态下行动者的感受性、体验性方面的资料分析。

同时，本文所关注的身体建构的时间跨度过长，难以细致、深入地论述，应加强对具体时段、具体事件中不同行动者的规训策略、心理体验与行为反应的"深描"。而且，可以进一步加强不同区域、不同国家在现代性发展中身体规训与建构机制的运作路径与演绎逻辑的追踪研究和比较研究，以更好体现宏阔的社会历史情境中身体建构与基层秩序之间的内在关系。

参考文献

[1]哈贝马斯.交往行动理论:第2卷[M].洪佩郁,蔺青,译.重庆:重庆出版社,1994.

[2]马克斯·韦伯.经济与社会:上卷[M].林荣远,译.北京:商务印书馆,2006.

[3]齐奥尔格·西美尔.时尚的哲学[M].费勇,吴睿,译.北京:文化艺术出版社,2001.

[4]罗兰·巴特.流行体系:符号学与服饰符码[M].敖军,译.上海:上海人民出版社,2000.

[5]让·鲍德里亚.消费社会[M].刘成富,全志钢,译.南京:南京大学出版社,2001.

[6]布迪厄·康华德.实践与反思:反思社会学导引[M].李猛,李康,译.北京:中央编译出版社,1998.

[7]米歇尔·福柯.必须保卫社会[M].钱瀚,译.上海:上海人民出版社,1999.

[8]米歇尔·福柯.临床医学的诞生[M].刘北成,译.南京:译林出版社,2001.

[9]米歇尔·福柯.疯癫与文明:理性时代的疯癫史[M].刘北成,杨远婴,译.北京:生活·读书·新知三联书店,2003.

[10]米歇尔·福柯.规训与惩罚:监狱的诞生[M].刘北成,杨远婴,译.北京:生活·读书·新知三联书店,1999.

[11]菲利普·柯尔库夫.新社会学[M].钱瀚,译.北京:社会科学文献出版社,2000.

[12]莫里斯·梅洛-庞蒂.知觉现象学[M].姜志辉,译.北京:商务印书馆,2005.

[13]马塞尔·莫斯.社会学与人类学[M].佘碧平,译.上海:上海译文出版社,2003.

[14]埃米尔·涂尔干.宗教生活的基本形式[M].渠东,汲喆,译.上海:上海人民出版社,1999.

[15]奥尼尔.身体形态:现代社会的五种身体[M].张旭春,译.沈阳:春风文艺出版社,1999.

[16]丹尼尔·贝尔.资本主义文化矛盾[M].赵一凡,蒲隆,等,译.北京:生活·读书·新知三联书店,1989.

[17]玛丽·道格拉斯.洁净与危险[M].黄剑波,卢忱,译.北京:民族出版社,2008.

[18]杜赞奇.文化、权力与国家:1900—1942年的华北农村[M].王福明,译.南京:江苏人民出版社,2008.

[19]欧文·戈夫曼.污名:受损身份管理札记[M].宋立宏,译.北京:商务印书馆,2009.

[20]艾伯特·奥·赫希曼.欲望与利益:资本主义走向胜利前的政治争论[M].李新华,朱进东,译.上海:上海文艺出版社,2003.

[21]塞缪尔·亨廷顿.变化社会中的政治秩序[M].王冠华,等,译.北京:生活·读书·新知三联书店,1989.

[22]黄宗智.长江三角洲小农家庭与乡村发展[M].北京:中华书局,2006.

[23]保罗·康纳顿.社会如何记忆[M].纳日碧力戈,译.上海:上海人民出版社,2000.

[24]约瑟夫·劳斯.知识与权力:走向科学的政治哲学[M].盛晓明,邱慧,等,译.北京:北京大学出版社,2004.

[25]林毓生.中国意识的危机:"五四"时期激烈的反传统主义[M].穆善培,译.贵阳:贵州人民出版社,1987.

[26]赫伯特·马尔库塞.单向度的人:发达工业社会意识形态研究[M].刘继,译.上海:上海译文出版社,1989.

[27]乔治·里茨尔.社会的麦当劳化[M].顾建光,译.上海:上海译文出版

社,1999.

[28]詹姆斯·C·斯科特.弱者的武器[M].郑广怀,张敏,等,译.南京:译林出版社,2007.

[29]查伦·斯普瑞特奈克.真实的复兴:极度现代的世界中的身体、自然和地方[M].张妮妮,译.北京:中央编译出版社,2001.

[30]欧文·戈夫曼.日常生活中的自我呈现[M].冯钢,译.北京:北京大学出版社,2008.

[31]卢卡奇.历史与阶级意识[M].杜章智,译.北京:商务印书馆,1996.

[32]齐格蒙特·鲍曼.后现代性及其缺憾[M].郇建立,李静韬,译.上海:学林出版社,2002.

[33]齐格蒙特·鲍曼.现代性与矛盾性[M].邵迎生,译.北京:商务出版社,2003.

[34]乔安妮·恩特维斯特尔.时髦的身体[M].郜元宝,译.桂林:广西师范大学出版社,2005.

[35]迈克·费瑟斯通.消费文化与后现代主义[M].刘精明,译.南京:译林出版社,2000.

[36]安东尼·吉登斯.民族—国家与暴力[M].胡宗泽,赵力涛,等,译.北京:生活·读书·新知三联书店,1998.

[37]安东尼·吉登斯.社会的构成:结构化理论大纲[M].李康,李猛,译.北京:生活·读书·新知三联书店,1998.

[38]安东尼·吉登斯.现代性与自我认同[M].赵旭东,方文,等,译.北京:生活·读书·新知三联出版社,1998.

[39]布莱恩·特纳.身体与社会[M].马海良,赵国新,译.沈阳:春风文艺出版社,2000.

[40]布莱恩·特纳.Blackwell社会理论指南[M].李康,译.2版.上海:上海人民出版社,2003.

[41]毛泽东.毛泽东选集:第5卷[M].北京:人民出版社,1977.

[42]毛泽东.毛泽东选集:第1卷[M].北京:人民出版社,1991.

[43]包亚明.权力的眼睛:福柯访谈录[M].严锋,译.上海:上海人民出版社,1997.

[44]包亚明.后现代性与地理学的政治[M].上海:上海教育出版社,2001.

[45]陈昕.救赎与消费:当代中国日常生活中的消费主义[M].南京:江苏人民出版社,2003.

[46]杜小真.福柯集[M].上海:上海远东出版社,1998.

[47]费孝通.乡土中国　生育制度[M].北京:北京大学出版社,1998.

[48]葛红兵,宋耕.身体政治[M].上海:上海三联书店,2005.

[49]黄金麟.历史、身体、国家:近代中国的身体形成(1895—1937)[M].北京:新星出版社,2006.

[50]黄盈盈.身体·性·性感:对中国城市年轻女性的日常生活研究[M].北京:社会科学文献出版社,2008.

[51]黄宗智.中国乡村研究:第二辑[M].北京:商务印书馆,2003.

[52]李银河.女性主义[M].济南:山东人民出版社,2005.

[53]李泽厚.中国古代思想史论[M].天津:天津社会科学院出版社,2003.

[54]李泽厚.中国现代思想史论[M].天津:天津社会科学院出版社,2004.

[55]梁启超.新民说[M].沈阳:辽宁人民出版社,1994.

[56]林毅夫.制度、技术与中国农业发展[M].上海:上海三联书店,1992.

[57]刘少杰.后现代西方社会学理论[M].北京:社会科学文献出版社,2002.

[58]潘泽泉.社会、主体性与秩序:农民工研究的空间转向[M].北京:社会科学文献出版社,2007.

[59]汪民安,陈永国.后身体:文化权力和生命政治学[M].长春:吉林人民出版社,2011.

[60]汪民安.身体的文化政治学[M].开封:河南大学出版社,2004.

[61]汪民安.身体、空间与后现代性[M].南京:江苏人民出版社,2005.

[62]王宁.从苦行者社会到消费者社会[M].北京:社会科学文献出版社,2009.

[63]文军.西方社会学理论:经典传统与当代转向[M].上海:上海人民出版

基层社会现代性发展中的身体建构

身体与秩序

社,2006.

[64]吴毅.村治变迁中的权威与秩序:20世纪川东双村的表达[M].北京:中国社会科学出版社,2002.

[65]燕继荣.政治学十五讲[M].北京:北京大学出版社,2004.

[66]杨念群.再造"病人":中西医冲突下的空间政治(1832—1895)[M].北京:中国人民大学出版社,2006.

[67]有林.中华人民共和国国史通鉴:第4卷[M].北京:当代中国出版社,1999.

[68]于建嵘.岳村政治:转型期中国乡村政治结构的变迁[M].北京:商务印书馆,2001.

[69]张柠.土地的黄昏:中国乡村经验的微观权力分析[M].北京:东方出版社,2005.

[70]张守军.中国古代的赋税与劳役[M].天津:天津教育出版社,1991.

[71]中共中央文献研究室.建国以来重要文献选编:第1册[M].北京:中央文献出版社,1992.

[72]中共中央文献研究室.建国以来重要文献选编:第11册[M].北京:中央文献出版社,1995.

[73]中共中央文献研究室.建国以来重要文献选编:第15册[M].北京:中央文献出版社,1997.

[74]中央教育科学研究所.中华人民共和国教育大事记(1949—1982)[M].北京:教育科学出版社,1984.

[75]四川省剑阁县志编纂委员会.剑阁县志[M].成都:巴蜀书社,1992.

[76]冯珠娣,汪民安.日常生活,身体,政治[J].社会学研究,2004(1).

[77]何芳.清末学堂中的身体规训[D].上海:华东师范大学,2009.

[78]何雪松.当代西方社会学理论的十大发展趋势[J].上海行政学院学报,2004(5).

[79]何亚珍.消费时代的身体景观:消费身体的审美研究[D].湘潭:湘潭大学,2014.

[80]侯杰,胡伟.剃发、蓄发、剪发:清代辫发的身体政治史研究[J].学术月刊,2005(10).

[81]胡斌武.我国学校教育培养目标的历史转换[J].当代教育论坛:宏观教育研究,2006(1).

[82]胡春光.学校生活中的规训与抗拒[D].武汉:华中师范大学,2007.

[83]黄俊杰.中国思想史中"身体观"研究的新视野[J].现代哲学,2002(3).

[84]黄俊杰.东亚儒家思想传统中的四种"身体":类型与议题[J].孔子研究,2006(5).

[85]江立华.我国户籍制度的历史考察[J].西北人口,2002(1).

[86]江立华,王斌.农村流动人口研究的再思考:以身体社会学为视角[J].社会学评论,2013(1).

[87]金一虹."铁姑娘"再思考:中国"文化大革命"期间的社会性别与劳动[J].社会学研究,2006(1).

[88]李清良.中国身体观与中国问题:兼评周与沉《身体与修行》[J].哲学动态,2006(5).

[89]刘少杰.当代社会学的理性化反省与感性论转向[J].中国人民大学学报,2008(3).

[90]刘洋.凌驾于女性身体之上的美:权力技术对身体的规训[D].长沙:湖南师范大学,2009.

[91]欧阳灿灿.欧美身体研究述评[J].外国文学评论,2008(2).

[92]潘泽泉.农民工、身体与社会理论:理论争辩与经验研究[J].学习与实践,2008(4).

[93]孙睿诒,陶双宾.身体的征用:一项关于体育与现代性的研究[J].社会学研究,2012(6).

[94]孙燕京,岳珑.民众记忆与服装衍化:1949—2000年中国城镇民众服装流变[J].当代中国史研究,2005(9).

[95]田晓强.不泯的科学统一追求:评E·O·威尔逊的社会生物学思想[J].湖北社会科学,2004(12).

[96]汪民安,陈永国.身体转向[J].外国文学,2004(1).

[97]王宁."国家让渡论":有关中国消费主义成因的新命题[J].中山大学学报,2007(4).

[98]王宁.代表性还是典型性:个案的属性与个案研究方法的逻辑基础[J].社会学研究,2002(5).

[99]文军.身体意识的觉醒:西方身体社会学理论的发展及其反思[J].华东师范大学学报(社科版),2008(6).

[100]文军,田珺.身体、话语和权力:"农民工"群体的污名化建构过程分析[J].学术界,2017(9).

[101]吴希艳.论广告文化对女性身体的规训[J].湖北经济学院学报,2008(2).

[102]徐勇.现代国家建构中的非均衡性和自主性分析[J].华中师范大学学报(哲学社会科学版),2003(9).

[103]徐勇."回归国家"与现代国家的建构[J].东南学术,2006(4).

[104]闫旭蕾.教育中的"肉"与"灵":身体社会学研究[D].南京:南京师范大学,2007.

[105]阎玉芳.被管理的手:对劳动者身体的控制、规训与劳动者的抗拒:有关长沙"洗脚妹"的比较研究[D].南京:南京大学,2015.

[106]姚同伟.容貌至上主义:韩国女性整容文化研究[D].北京:中央民族大学,2017.

[107]叶涯剑.空间社会学的缘起及发展:社会研究的一种新视角[J].河南社会科学,2005(9).

[108]余成普.身体、文化与自我:一项关于器官移植者自我认同的研究[J].思想战线,2014(4).

[109]余成普,袁栩,李鹏.生命的礼物:器官捐赠中的身体让渡、分配与回馈[J].社会学研究,2014(3).

[110]张学智.中国哲学中身心关系的几种形态[J].北京大学学报(社科版),2005(3).

[111]张杨波.身体的再国家化与去国家化[J].社会学家茶座,2007(6).

[112]赵鑫.倾听身体的声音:以某健身俱乐部为个案验证实践中身体的逻辑[D].哈尔滨:哈尔滨工程大学,2007.

[113]朱虹.身体资本与打工妹的城市适应[J].社会,2008(6).

[114] O'NEILL J.Five Bodies:The human shape of modern society[M]. New York:Cornell University Press,1985.

[115]TUENER B S.The body and society. explorations in social theory[M]. London:Sage Publications,1996.

[116] TUENER B S.The Blackwell companion to social theory[M].Oxford: Blackwell Publishing,2000.

[117]TUENER B S.The New Blackwell companion to social theory[M].Oxford: Blackwell Publishing,2009.

[118] WILLIAMS S J,BENDELOW G.The lived body: sociological themes, embodied issues[M]. London:Routledge,1998.